I0391489

1

MANUEL PUMA

LIBERI DI DECIDERE

RICONQUISTA PER SEMPRE IL TUO TEMPO
USCENDO DAL VECCHIO SCHEMA DI LAVORO

STUDIOS
EDITORE

Manuel Puma LIBERI DI DECIDERE
riconquista per sempre il tuo tempo uscendo dal vecchio schema di lavoro

_____

Editore: Riflessi Studios S.a.s. – www.riflessistudios.it
ISBN: 9781093700497
© 2019 Manuel Puma

Prima edizione: febbraio 2019 Progetto grafico: Andrea Sardo
Foto di copertina: Evgeny Atamanenko

*A tutte le persone che credono
sia possibile un futuro migliore*

INDICE

Prefazione...9

Introduzione 11

1. Open 17
2. My way 35
3. Freedom 49
4. Mindset..61
5. Peer to Peer..75
6. Goal Setting 87
7. Systems..107
    7.1 – Business tradizionale...............................110
    7.2 – Brevetti e Diritto d'autore......................118
    7.3 – Blog/sito web, canale youtube,
    infoprodotti 119
    7.4 – Dropshipping 122
    7.5 – Aziende di terzi..125
    7.6 – Immobili..127
    7.7 – Strumenti finanziari................................137
    7.8 – Network marketing 148
    7.9 – Considerazioni 158
8. Time...167

Ringraziamenti 181

Restiamo in contatto 183

Bibliografia..185

PREFAZIONE

Pubblicare un libro è sempre stato uno dei miei sogni. Da ragazzo desideravo scrivere un romanzo, una bella storia d'amore dallo sfondo thriller, con l'eroe che sopraggiunge nel finale per far trionfare il bene. Purtroppo, più passavano gli anni, più questo sogno rimaneva tale in quanto ritenevo fosse un'impresa molto difficile da realizzare.

Tuttavia, il destino ha voluto che la mia vita prendesse inaspettatamente un percorso diverso rispetto a quello che tutto il mondo che mi gravitava attorno desiderava o si immaginava per me. Ho fatto delle scelte coraggiose, ho deciso di andare fuori dagli schemi convenzionali del modello di lavoro imposto dalla società in cui viviamo, ho ribaltato le mie aspettative senza soffrirci perché non era la vita che faceva per me bensì quella che gli altri si aspettavano da me. Non è stato facile, ho fatto degli errori madornali e altri ne farò, ma questo mi ha aiutato ad erigere un'armatura interiore contro le critiche e a sviluppare una sensibilità particolare su un tema che mi sta molto a cuore: la libertà.

Non essendo uno scrittore né tantomeno un paroliere, ho maturato l'idea di scrivere un libro di formazione, più attinente al mio background e alla mia esperienza professionale, per provare ad aiutare tutte quelle persone che, oppresse dal lavoro, desiderano migliorare la qualità della loro vita e riconquistare il proprio tempo. Sia chiaro però, non è una guida per la ricchezza, ma un percorso verso la libertà. Non troverai tecnicismi, procedure complesse e nessuna analisi di attivi e passivi. Questo lo lascio fare a chi è più titolato di me.

"Liberi di decidere" è, infatti, un libro breve, pratico, di puro contenuto, per persone pragmatiche che non hanno tempo da perdere, adatto a chi desidera soluzioni efficaci per migliorare la propria condizione economica e lavorativa. Potrai finirlo di leggere in un paio di ore, magari rileggerlo più volte per capirne a fondo i concetti.

Non avere pregiudizi. Ho sempre diffidato dai "bullshit" ovvero quelle persone che parlano tanto, che ti fanno credere di creare un progetto, sviluppare un business o di concludere un affare, ma in realtà ti stanno solo facendo perdere tempo prezioso.

Io non sono un guru, non sono un coach finanziario, non ho la Ferrari... Allora perché ascoltarmi e fidarti delle mie parole? Perché sono semplicemente uno dei tanti ragazzi della porta accanto – proprio come te – che partendo da sottozero, dopo tanti sforzi, errori e cadute è riuscito ad ottenere quello che di più grande ha sempre desiderato: essere libero e padrone di decidere del proprio futuro.

INTRODUZIONE

Quando si parla di libertà tutti capiamo il principio, ma non il vero significato. La libertà altro non è che la libertà di decidere, vivere la vita che si desidera e non quella che gli altri vorrebbero per noi.

Da un po' di anni, peraltro, è entrato a far parte nel nostro linguaggio comune il concetto di **libertà finanziaria**, intesa come la possibilità di fare quello che vuoi, quando vuoi, con chi vuoi, per quanto tempo vuoi. Essere liberi finanziariamente non significa non far nulla tutto il giorno bensì riuscire a mantenere inalterato il proprio stile di vita senza la necessità di mettere la sveglia ogni mattina per andare a timbrare il cartellino in ufficio o al negozio.

So bene che potresti pensare che sono l'ennesimo ciarlatano che parla di libertà finanziaria. Proprio per questo, a scanso di equivoci, voglio sin da subito precisare che se stai cercando un metodo miracoloso e veloce che ti permetta di abbandonare il tuo lavoro per trascorrere tutta la vita su una spiaggia con un drink in mano, mi dispiace deluderti, ma questo libro non fa per te. Questo non è l'ennesimo manuale dove si propone denaro facile, non troverai la ricetta o la formula magica su come diventare "ricco subito", non è una mappa del tesoro, non contiene alcun segreto per fare soldi senza dare nulla in cambio.

Quello che stai per leggere è un libro che serve ad iniziare, volto ad aiutarti a trovare gli strumenti necessari per intraprendere il percorso verso l'indipendenza economica. Magari non ci credi ancora, ma ti assicuro che questa è raggiungibile anche da te, seppur tu non abbia una speciale competenza, un particolare talento o esperienza.

Prima di iniziare però è importante che tu risponda sinceramente a queste domande:

- oggi sei libero di svegliarti quando ti pare?
- oggi sei libero di scegliere di poter fare qualcosa di diverso delle tue giornate che non sia andare in ufficio la mattina alle 8 e uscire la sera alle 18 (sempre se va bene)?
- oggi sei libero di decidere quando e come organizzare un viaggio con i tuoi amici, con la tua ragazza o con la tua famiglia?
- oggi guadagni quanto pensi di valere?

Se le tue risposte sono state una serie di "NO", allora ti consiglio di continuare a leggere.

Vero, io non ti conosco, ma se sei stato incuriosito da questo libro, con tutta probabilità, sei una persona ambiziosa disposta a mettersi in gioco, pronta a dedicare tempo ed energia per migliorare sé stessa, una di quelle ha deciso di trovare una via d'uscita per iniziare a disegnare una realtà personalizzata perché quella standard gli va stretta.

Immagino come ti senti in questo preciso momento, ci sono passato anche io. Vorresti maggiore autonomia, allargare i tuoi orizzonti, guadagnare di più, eppure fai fatica ad arrivare alla fine mese e non riesci a trovare il tempo necessario per dedicarti a qualcosa di diverso che non sia la tua attività professionale.

Non preoccuparti, non è colpa tua, ti mancano semplicemente gli strumenti per uscire da questo tipo di risultato.

Se pensi, invece, di essere appagato con quello che hai oggi, sono davvero felice per te, ma con molta onestà, ti dico lo stesso che stai facendo un grave errore. Attenzione: non sto affermando che tu debba lasciare il lavoro che ti piace o smettere di coltivare il sogno di fare il medico, l'architetto, lo scienziato o l'astronauta... voglio solo consigliarti di iniziare a valutare la possibilità di crearti una o più fonti di reddito aggiuntive perché la verità è che non abbiamo alcuna idea di quello di cui potremmo avere bisogno in futuro.

Oggi, purtroppo, avere una sola fonte di reddito rappresenta un grave pericolo perché qualsiasi evento (licenziamento, infortunio, fallimento della propria azienda o quella in cui sei dipendente) potrebbe improvvisamente interromperla. E allora cosa fai se ti licenziano? Anche se sei convinto di avere un lavoro "sicuro" mettiti in testa che, da un momento all'altro, potresti restare a casa.

Il mio scopo è proprio quello di aiutarti a costruire delle nuove entrate finanziarie svincolate dal tempo impiegato. Non importa quale sia il tuo punto di partenza, è indifferente che tu sia un disoccupato, un dipendente in gabbia obbligato a chiedere il permesso per fare ogni cosa, un imprenditore che non ha ancora fatto il salto di qualità, un consulente schiavo della propria professione, un neolaureato che vuole capire come prendere in mano le redini del proprio futuro piuttosto che mandare curriculum a raffica che non riceveranno mai alcun feedback. Questo libro ti aiuterà a trovare la tua strada.

Non è una scorciatoia per la ricchezza, ma una serie di consigli frutto di tanta formazione e dell'esperienza maturata in questi anni. Nulla di inventato, anche perché non sono un genio né un super innovatore. Sono semplicemente un umile studente che applica ogni giorno ciò che impara, generando risultati.

Ti avviso però che leggere questo libro solo per il gusto di arrivare fino in fondo senza applicarne concretamente i suggerimenti non ti servirà a nulla. Sarebbe inutile acquisire delle informazioni rilevanti salvo poi dimenticarle per sempre.

Proprio perché non voglio assolutamente che questo accada, invece di darti consigli che puoi trovare su internet, storie di altri spesso impersonali e/o filtrate da giornalisti, blogger, avventori, voglio darti una versione reale ed autentica senza censure e senza peli sulla lingua. **Lo farò in maniera obiettiva, spiegandoti i *pro* e i *contro* che incrocerai in questo percorso.** Non ho, infatti, alcuna pretesa di offrire la verità, ma una verità: la mia personale esperienza soggettiva, limitata, fallace, ma certamente onesta e vera.

Al termine di questo libro, avrai senza ombra di dubbio imparato ciò che ti serve per raggiungere e mantenere la tua indipendenza finanziaria, avrai appreso come crearti una o più entrate supplementari indipendenti dal tempo che hai a disposizione per poter guadagnare di più. Sarai tu, soltanto tu, a decidere quale strumento utilizzare per slegare la tua attività da qualsiasi vincolo di orari, aziende e luoghi per migliorare il tuo benessere.

Ricorda però che è sempre tua responsabilità conquistare la libertà e goderla. I risultati che otterrai, infatti, dipenderanno esclusivamente da te, dal tuo impegno e dalla tua volontà. Nessun altro può farlo al posto tuo.

Le uniche parole d'ordine sono "pensare in grande" e "studiare" per dotarsi delle competenze ed esperienze necessarie in quanto **mai nessuno è riuscito ad ottenere qualcosa di veramente importante senza fatica**. Non ci sono formule di successo, non ci sono segreti per vincere. L'unica cosa che puoi fare è imparare dai tuoi errori e adottare una metodologia che ti porti a massimizzare il tuo apprendimento.

Questa è molto più di una formula. È una filosofia di vita.

CAPITOLO 1

OPEN

"Non è la specie più forte a sopravvivere e nemmeno quella più intelligente ma la specie che risponde meglio al cambiamento".

C. Darwin

OPEN

Apri gli occhi. Forse non ti sei accorto che siamo nel bel mezzo di una rivoluzione. Niente forconi, spade o cannoni. Mi riferisco ad una rivoluzione culturale e tecnologica che sta spazzando via dal mercato molti lavori e ne sta radicalmente trasformando tanti altri.

Sono lontani i tempi del "miracolo italiano" degli anni '60. Il sistema economico andava a gonfie vele, il reddito nazionale cresceva costantemente così come l'aumento demografico. L'incremento dell'occupazione garantiva i salari ai lavoratori e, di conseguenza, vi era una forte spinta ai consumi. In complesso prevaleva un clima di grande ottimismo.

Tra i fattori che concorsero allo sviluppo, un ruolo importante fu senz'altro attribuito al boom dell'edilizia. L'assenza di una legislazione urbanistica efficiente ed anche il mancato rispetto delle norme consentì, in molti casi, di costruire praticamente ovunque, spesso senza tener conto delle prescrizioni edilizie ed antisismiche. Inoltre, iniziarono a nascere le prime infrastrutture pubbliche che collegarono zone nevralgiche per l'economia italiana.

Questa crescita continuò vertiginosamente anche negli anni '70 con l'avvento delle auto e degli elettrodomestici alla portata di tutti e ciò non fece altro che alimentare nuovi consumi e, quindi, nuovi posti di lavoro.

Gli anni '80, invece, furono caratterizzati dalla crescita esponenziale di due settori. Il primo fu quello turistico in cui molti imprenditori intrapresero la costruzione delle strutture ricettive di massa, creando nuovi servizi tesi a migliorare il soggiorno delle famiglie. Il secondo fu quello legato al mondo dell'abbigliamento. Mentre in passato si compravano i tessuti in sartoria, si facevano i maglioni con l'uncinetto, a partire dagli anni '80 la moda cominciò a ricoprire un ruolo predominante nell'economia del nostro Paese. Nacquero i primi negozi in cui non si vendevano solo i tessuti bensì abiti già pronti e confezionati.

Il progresso economico negli anni '90, seppur diverso e leggermente ridimensionato rispetto a quello che aveva contraddistinto i decenni precedenti, fu caratterizzato dalla tecnologia: nelle case degli italiani arrivarono le prime TV a colori con il telecomando integrato, le lavatrici, il climatizzatore, ecc. Venne alla luce il mondo del microcredito, le famiglie si indebitavano pagando tutto a rate.

Tale spinta tecnologica contribuì senz'altro alla crescita anche durante gli anni 2000. Si entrò nell'era delle telecomunicazioni, gli anni in cui iniziarono a diffondersi i primi telefoni cellulari, dove internet diventò sempre più inevitabile.

Tuttavia, tra la fine degli anni '90 e l'inizio del 2000, lo sviluppo economico cominciò a subire una forte frenata a causa del crollo della crescita demografica. Inoltre, nel 2001 il mercato globale fu influenzato drasticamente dall'entrata della Cina nella *World Trade Organization*. Tanti prodotti che non avevano peculiarità particolari, cominciarono ad essere acquistati presso fornitori del Paese asiatico in quanto, a fronte della basso costo della manodopera e della fiscalità agevolata, le operazioni economiche risultavano molto più vantaggiose rispetto a quelle effettuate in Italia.

Nel 2009, infine, il crollo definitivo dovuto allo scoppio della bolla dei mutui *subprime* che, come sappiamo, ha causato un *crash* finanziario pari solo a quello del 1929. Alcune banche sono fallite, molti correntisti hanno perso i loro risparmi, le multinazionali hanno bruciato miliardi in borsa, le aziende non sono più riuscite ad accedere al credito per finanziarie progetti ed investimenti, tantissimi hanno perso il posto di lavoro, la disoccupazione (soprattutto quella giovanile) è aumentata inesorabilmente.

Tutto ciò ha causato radicali trasformazioni nell'economia globale. Che il lavoro stia profondamente cambiando è sotto gli occhi di tutti, non si tratta solo di un dibattito dai contorni politici ed ideologici, esistono migliaia di dati ed indicatori che ce lo dimostrano. Da anni, infatti, è ormai impossibile affrontare il tema del lavoro senza declinarlo dal punto di vista della sua trasformazione che comprende diversi elementi: tecnologia, nuovi mercati e collasso dei vecchi, aumento demografico, diritto del lavoro.

La **rivoluzione industriale 4.0** che stiamo vivendo in questi anni sta portando ad automatizzare e a sostituire tutte quelle mansioni che sono ripetitive, codificabili e automatizzabili, consegnandoci uno scenario di forte trasformazione che dovremo gestire e governare.

Basta dare un'occhiata ad un po' di numeri: dal 1990 al 2018 sono scomparsi il 71% dei posti di lavoro complessivi; a partire dal 2007 il numero degli operai si è ridotto di oltre un milione di unità[1]; le persone che vivono ufficialmente sotto la soglia di povertà sono in rapido ed in costante aumento.

Tantissimi lavori nei prossimi anni verranno sostituiti da macchine e da intelligenza artificiale. Secondo una ricerca effettuata dalla prestigiosa università di Oxford, entro il 2030, l'80% delle professioni che conosciamo oggi non esisterà più, soppiantato da un insieme di altre professioni che nessuno è ancora in grado di immaginare. **Tutto ciò che ha poco valore sarà spazzato via dall'automazione** e questo comporterà, di conseguenza, che i posti di lavoro continueranno a diminuire dato che le imprese preferiranno sempre più i robot e la manodopera a basso costo dei migranti provenienti da Paesi senza diritti.

Internet ha radicalmente stravolto la nostra vita. La globalizzazione ha comportato l'intensificazione degli scambi e degli investimenti su scala mondiale. In questo modo, grazie all'aumento della concorrenza, si sono ridotti i costi per i consumatori, ma il rovescio della medaglia è che le imprese (in particolare le PMI) non hanno più dovuto fare i conti con una concorrenza del mercato limitata al territorio, ma su scala planetaria. Una concorrenza che, giorno dopo giorno, si sta convertendo sempre di più in una vera e propria competizione, più creativa, più agguerrita che mai, costantemente alla ricerca di nuovi clienti per aumentare le vendite e ridurre i costi.

Le aziende non capaci di stare al passo con i tempi sono state costrette a chiudere oppure, per sopravvivere, si sono

---

[1] Il Sole 24 ore, articolo del 1.05.2018

ridotte a fare la guerra al prezzo più basso.

Basti pensare a colossi come Blockbuster, Motorola, Kodak e molti altri ancora che si sono estinti per aver sottovalutato questa grandissima evoluzione del mercato. Tutto ciò, ovviamente, si è riflesso su centinaia di migliaia di dipendenti che, da un momento all'altro, si sono ritrovati senza lavoro.

Forse il caso più eclatante, almeno per la mia generazione, è stato quello della Nokia, la cui storia mi lascia sempre perplesso.

L'azienda finlandese negli anni 2000 veniva considerata dalla rivista *Forbes* come insuperabile. Loro stessi si consideravano un'azienda innovativa. E lo erano davvero, eccome se lo erano... Chi non ha avuto un cellulare Nokia? Scommetto che, almeno una volta, anche tu ne hai avuto uno. Ricordo ancora, come fosse ieri, i pomeriggi dopo la scuola a giocare a "Snake" o a comporre le suonerie personalizzate. Questo almeno prima del 2007.

Poi è arrivato Steve Jobs con il suo iPhone ed il mondo è stato stravolto al punto tale che oggi chiamare sembra l'ultima delle cose per cui è utile il telefono. Il management della Nokia non è riuscito a rendersi conto di quanto lo smartphone avrebbe impattato il settore della telefonia mobile e, a poco a poco, l'azienda ha perso quote di mercato. Solo nel 2008 hanno deciso di competere, ma era ormai troppo tardi.

Ciò dimostra, ancora una volta, come l'innovazione rappresenti qualcosa di veramente cruciale per le aziende, soprattutto in un mondo come quello di oggi. È chiaro che, in un contesto così in trasformazione, o innovi o fallisci.

Bisogna essere preparati a quello che sta succedendo. Capire dove si sta muovendo il mercato è la migliore strategia per anticipare i tempi e cavalcare la famosa "onda", altrimenti il rischio, più che concreto, è quello di essere travolti dalla stessa proprio come è accaduto in alcuni settori economici.

Molti di questi che fino a poco tempo fa erano considerati "sicuri", come ad esempio quello bancario, sono in profonda crisi. Perché fare code inutili in filiale, perdere tempo prezioso e pagare delle commissioni altissime? Oggi, infatti, è sufficiente uno smartphone ed una connessione internet per effettuare in pochi secondi un bonifico diretto ad un destinatario che vive dall'altra parte del mondo.

Ci sono poi alcuni settori che, pur aumentando in via esponenziale, hanno lasciato per strada centinaia di migliaia di posti di lavoro. Questo, ad esempio, è ciò che è accaduto nel settore turistico: sempre più persone viaggiano da una parte all'altra del globo eppure, ogni giorno, ci sono centinaia di agenzie viaggio che calano definitivamente le saracinesche.

Perché sta succedendo tutto questo? Per prima cosa, perché le aziende mirano ad ottenere più profitti ed avere meno spese. In secondo luogo, perché la nuova economia richiede minori risorse umane. Oltre cento anni fa il 90% della popolazione lavorava nell'agricoltura. Oggi, per via dello straordinario sviluppo tecnologico, siamo sotto l'1% ed i lavori che hanno poco valore nel mercato sono sempre più ridimensionati.

> *"La civiltà sta producendo macchine che si comportano come uomini e uomini che si comportano come macchine"* E. Fromm

Questa rivoluzione è anche frutto di politiche governative che hanno coinvolto i diritti e le tutele dei lavoratori. Ad esempio in Italia, il cosiddetto "Jobs Act" ha di fatto eliminato il famoso **"posto fisso"** che, per quasi 50 anni ha dato a molte famiglie la "sicurezza" di non restare da un momento all'altro in mezzo alla strada. Oggi, il datore di lavoro ha la possibilità di mandare a casa i propri dipendenti con un semplice indennizzo. Parlare in questo momento storico di sicurezza o l'idea stessa di un impiego per tutta la vita all'interno di un'unica società, è anacronistico come una macchina da scrivere. Fra pochi anni, fidati, l'unico posto fisso sarà soltanto casa tua.

Ciononostante, molti rimangono ancora aggrappati a questa falsa illusione. Quante persone conosci che ambiscono al posto fisso senza rendersi conto che ormai non esiste più? Io di certo non li biasimo anche perché non è colpa loro. Semplicemente percepisco che l'insicurezza, generata da questa perenne precarietà, ha reso con il tempo un po' tutti vittime di una sindrome particolare ovvero quella dell'"assuefazione allo stipendio". Se si lascia il posto di lavoro (anche se dequalificante e sottopagato) si ha paura di non riuscire ad organizzarsi diversamente.

Certo, il posto fisso ha i suoi vantaggi: prendi uno stipendio a fine mese, qualche settimana di vacanza pagata ogni anno, se ricopri posizioni apicali hai l'auto ed il cellulare aziendale. Tuttavia, il problema principale, a fronte di questi piccoli vantaggi, è che la tua vita dipende da una sola fonte di reddito sulla quale non hai nessun controllo.

Inoltre, essere dipendente (a prescindere da dove lavori) comporta che vi è sempre un'altra persona che controlla la tua vita, che ti impone straordinari e scadenze stressanti, che ti limita la possibilità di fare carriera e,

25

quindi, di guadagnare di più.

Esistono poi almeno altri tre validi motivi a cui devono prestare attenzione tutti gli impiegati:

- il primo è **l'inflazione** in atto, la quale, sta facendo precipitare il potere di acquisto dei lavoratori dipendenti e dei pensionati. Sempre più famiglie faticano ad arrivare alla fine del mese;
- il secondo è figlio della **delocalizzazione della produzione** che stanno attuando in questi ultimi anni tante multinazionali. Ci sono Paesi in cui l'imposizione fiscale ed il costo della manodopera sono decisamente inferiori. Naturalmente, tale processo di delocalizzazione consente alle aziende di generare maggiori profitti;
- il terzo è dato dal fatto che nei Paesi occidentali, quando il numero dei pensionati supererà quello degli occupati, si assisterà ad un brusco **ridimensionamento dell'assistenza sociale e del sistema previdenziale**. Il numero di persone che lavorano oltre i 67 anni sta crescendo a dismisura. Se fino a qualche anno fa la pensione poteva essere una meta ambita, tra qualche anno i pensionati vedranno drasticamente ridursi il loro stile di vita e quindi dovranno trovare altre fonti di reddito oppure crearsi un patrimonio che possa permettere loro di vivere serenamente.

Purtroppo, quello che lo Stato ha fatto fino ad oggi per le famiglie non riuscirà a farlo per le prossime generazioni. E questo non è allarmismo, ma semplicemente un risultato di studi di matematica finanziaria e statistica. Non ci vuole certo una laurea in Economia per accorgersi che questa è la prima generazione che sta guadagnando di meno rispetto a quella precedente. Nel corso della storia sono sempre stati i figli a guadagnare più dei padri. Oggi, purtroppo, questa tendenza si è invertita.

Un aspetto senz'altro positivo è dato dal fatto che il numero dei laureati continua a crescere esponenzialmente e questo di per sé è un bene perché la cultura non fa mai male. Va detto, tuttavia, che molti ragazzi si iscrivono all'università solo per compiacere i propri genitori o semplicemente perché, terminato il periodo scolastico, non hanno una valida alternativa. Ma sappiamo bene che non è più sufficiente laurearsi per trovare un posto nel mercato dato che esso non offre le risorse necessarie per garantire a tutti un'adeguata occupazione.

Bisogna, peraltro, considerare un altro fattore. Fino a pochi anni fa la Pubblica Amministrazione bandiva concorsi ogni anno. Oggi, non solo i concorsi sono sempre di meno (anche a causa del mancato *turn over*), ma la quantità di assunzioni garantite è irrisoria rispetto al numero di persone che partecipano ai concorsi. Questo fa sì che molti giovani (almeno quelli che non decidono di campare sulle spalle dei propri genitori), pur di sopravvivere, sono obbligati a cercare qualche lavoro di fortuna o accettare un impiego dequalificato che esula dalle proprie competenze, spesso vessati da datori di lavoro senza scrupoli.

Sempre più frequentemente, per fuggire da questa triste sorte, molti ragazzi a 25/30 anni sono costretti ad emigrare all'estero per cercare maggiore fortuna, portando con sé valigie piene di ricordi e speranze disattese. Purtroppo, se non sei altamente specializzato e se hai meno di 40 anni, questo è quello che succederà anche a te, sempre che non ti sia già successo... Se il tuo obiettivo nella vita è quello di fare lo *steward* o la commessa, fidati, forse è meglio iniziare a rivedere i tuoi piani perché se sei lì ad aspettare che l'economia si riprenda e che quei posti di lavoro tornino a comparire, mi dispiace deluderti, ma non succederà.

Un'analisi figlia della mesta realtà, narrata non dall'alto di chissà quale pulpito, ma vissuta in prima persona dato che anche io sono stato uno dei tanti scarti di questa piaga sociale della precarietà del mondo del lavoro giovanile.

> *"L'intelligenza è la capacità di adattarsi al cambiamento"* S. Hawking

Tuttavia, lo scopo di questo libro non è quello di indagare sul come e sul perché il mondo del lavoro sia soggetto a profonde e radicali trasformazioni quanto piuttosto quello di illustrarti come approfittare della rivoluzione in atto invece di rimanere impassibile al mutare degli eventi. Servono però occhi senza pregiudizi, la mente scevra da convinzioni limitanti che hai erroneamente fatto diventare verità assolute. Il trucco per uscirne, infatti, è **aprire bene gli occhi e vedere le cose da un altro punto di vista.**

Non so se ci hai fatto caso, ma parlando di questa gigantesca rivoluzione che stiamo vivendo, non ho mai fatto cenno alla parola **"crisi"**. Non c'è giorno in cui i media non ne facciano menzione. D'altronde, il business della paura è sempre stato uno dei più redditizi. I media hanno bisogno di fare *views* e per fare *views* devono necessariamente pubblicare notizie di impatto, sempre più scioccanti, sconvolgenti. Chi comprerebbe un giornale o vedrebbe un tg che titola *"Oggi niente guerre, crack finanziari, omicidi, truffe..."*? Te lo dico io, proprio nessuno.

Se però andiamo ad analizzare l'etimologia della parola, scopriamo che non significa soltanto deterioramento di una situazione con conseguente instabilità. Il termine "crisi", infatti, deriva direttamente dal verbo greco "krino" che in antichità stava ad indicare il procedimento finale della trebbiatura, la "separazione" (krisis) della granella del frumento dalla paglia e dalla pula ovvero la distinzione della parte buona dalla cattiva. Questo per specificare che non sempre la parola crisi ha un significato meramente negativo.

La crisi indica una linea di demarcazione tra il passato e il futuro, tra ciò che è stato e il nuovo che avanza. Allo stesso tempo, però, indica anche l'occasione per un cambiamento, una trasformazione, una rinascita, costituisce una delle più formidabili spinte al miglioramento, sia personale che professionale.

> *"Ogni crisi è come una moneta: da una parte porta con sé il pericolo, dall'altra l'opportunità. Capovolgete la moneta. Non perdetevi l'opportunità di emergere da questa crisi più forti e più intelligenti: dei sopravvissuti migliori"*
> Jeffrey J. Davis

C'è un vecchio detto che recita "in tempi di crisi c'è chi piange e chi invece vende fazzoletti". Da ogni crisi nasce un'opportunità, anzi... milioni di opportunità.

Non è vero che questo è il momento più brutto della

storia. Il mondo non è affatto in crisi, è semplicemente cambiato. Esso ci offre sempre tante occasioni eccezionali, ogni singolo giorno dell'anno, siamo noi che spesso vediamo tutto buio e non ce ne accorgiamo. Il periodo storico che stiamo vivendo è particolarmente stimolante rispetto ai decenni passati. Vero è che tantissime persone e aziende rimarranno indietro, ma contestualmente, ci sarà un notevole aumento di milionari perché mai come oggi il mondo offre opportunità per diventare ricchi velocemente.

Il mercato sarà sempre più soggetto a cambiamenti repentini, **stiamo andando verso un'economia orientata al rendimento**. Ciò vuol dire che nel prossimo futuro non verremo più pagati per il tempo impiegato, ma solamente in base degli obiettivi che raggiungiamo. Non tutti però saranno in grado di seguire questa evoluzione, solo chi sarà in grado di adattarsi ai cambiamenti potrà sopravvivere a questo "tsunami".

L'uomo, infatti, si differenzia dalle macchine per la sua flessibilità che, se utilizzata in modo corretto, gli permette di reinventarsi e adattarsi a nuove situazioni ed è per questo che i robot sono riusciti ad affiancarlo solo nelle attività che prevedono processi meccanici e routinari.

> "Esistono alcune mansioni che in nessun caso saranno sostituibili dalle macchine, quelle dove c'è bisogno di una   grande capacità di negoziazione e convincimento" F. Pistono

Il mondo sta andando alla velocità della luce. Fermati a riflettere un attimo: oggi ci relazioniamo con le persone in maniera diversa rispetto a 5 anni fa, ci rechiamo in un posto in maniera diversa rispetto a 5 anni fa, compriamo un prodotto in modo diverso rispetto a 5 anni fa, prenotiamo una vacanza in maniera diversa rispetto a 5 anni fa, scegliamo un ristorante in maniera diversa rispetto a 5 anni fa e molto altro ancora. Non 30, 20 o 10 anni, ma… solo 5 anni! Ti rendi conto di quanti cambiamenti?

Facebook, Amazon, Booking, Uber, Netflix, Tripadvisor sono solo alcuni fenomeni che il mercato ha fatto diventare parte essenziale della nostra vita e per lo stesso motivo, in un prossimo futuro, svilupperemo delle abitudini completamente diverse rispetto a quelle che abbiamo oggi. Tali nuove esigenze del mercato, nuove, comporteranno che il lavoro sarà sempre più mobile.

Siamo nell'era della *sharing economy*, un modello di economia circolare in cui professionisti, consumatori e cittadini in generale, basandosi sulla capacità relazionale della tecnologia, mettono a disposizione competenze, tempo, beni e conoscenze, con la finalità di creare legami virtuosi.

Airbnb, Blablacar, Uber, Enjoy, Car2Go, O bike sono tutte aziende che, negli ultimi anni, stanno avendo un successo enorme proprio perché, attraverso la "condivisione" creano, di fatto, nuove metodologie di consumi che favoriscono il risparmio e la redistribuzione del denaro.

Siamo passati dall'era industriale all'era dell'informazione digitale. **Ogni giorno vi è una nuova scoperta, una nuova informazione subito disponibile a tutti gli angoli della terra.**

Ricordo che quando ero piccolo, aspettavo con ansia le 18:15 della domenica pomeriggio per guardare "90°

minuto" e vedere tutti *highlights* di giornata del campionato di calcio. Oggi, invece, guardo le azioni salienti delle partite sul mio smartphone direttamente *live*.

Internet ha cambiato la nostra natura di essere umani, non possiamo farne più a meno. Ci sono tanti ragazzi che fanno milioni di euro senza spostarsi dalla loro cameretta, utilizzando solo un computer o uno smartphone ed una connessione internet. Basti pensare agli *influencer*, agli *youtubers*, a tutti coloro che vendono info-prodotti online e molti altri ancora.

Ovviamente adesso, ti starai chiedendo: ma se è così facile, perché non siamo tutti liberi e ricchi? Semplice, non lo siamo poiché la maggior parte delle persone tende a perseguire degli obiettivi basici ed essenziali come la sopravvivenza ed il riposo. Il nostro cervello è molto pigro, stare sul divano a non far niente, guardare la TV, sprecare tempo prezioso su Facebook, Instagram o Whatsapp è molto più facile che provarci e mettersi in gioco.

È un fattore istintivo che finisce per diventare una condizione naturale con il passare del tempo e dell'età in quanto tendiamo a consumare meno energia possibile. Tutti vorremmo di più, ma non vogliamo far fatica, non vogliamo pagare il prezzo.

Come era solito ripetere l'imprenditore e formatore statunitense J. Rohn ***"non si tratta di avere di più, ma diventare di più"***. Inizialmente anche a me sembrava una frase-spot, una di quelle che servono semplicemente a motivarti… Con il passare del tempo, mi sono reso conto che mi sbagliavo.

Non possiamo ottenere qualcosa di diverso se continuiamo a fare le stesse azioni, dobbiamo necessariamente fare qualcosa in più. Ciò che si guadagna è soltanto una naturale conseguenza.

> *"Alcune persone non amano il cambiamento, ma bisogna imparare a cambiare, se l'alternativa è il disastro"* E. Musk

E tu come ti stai preparando ad affrontare i cambiamenti in corso? Sei pronto a sfidare questi eventi che stanno sconvolgendo la nostra natura di essere umani?

Io ti consiglio di iniziare a ragionare da imprenditore di te stesso prima possibile. Sia chiaro, non sto dicendo che devi finire in mezzo ad una strada e neanche che tu debba lasciare il tuo attuale lavoro che ti garantisce un'entrata attiva ogni mese. Voglio solo farti capire che nonostante continui a prostituirti professionalmente per pagare i debiti e arrivare alla fine del mese, prima inizi a ragionare da imprenditore di te stesso, meglio è... Se lo fai, vero è che non hai nessuna garanzia, ma almeno ti sarai giocato le tue carte!

Come però ti ho già detto, **serve una testa nuova, è essenziale disimparare ciò credi di conoscere** o che presupponi sia certo, bisogna spogliarsi del vecchio. Non puoi ragionare con le stesse logiche e regole economiche che avevano caratterizzato le generazioni precedenti, vi è bisogno di un nuovo atteggiamento mentale e di nuovi strumenti in grado di far fronte a tutto questo. In sostanza, se vuoi realmente distinguerti, **devi elevarti, mutare il tuo sistema di credenze, evolvere te stesso.** Non puoi restare fermo, altrimenti, sarai completamente tagliato fuori dal mondo del lavoro.

Prima di mutare mentalità, ho passato tanti anni a

ragionare da "dipendente". Questo ero, questo avevo imparato a fare. Non è stato per nulla facile ma se sono riuscito a cambiare è perché sono sempre stato curioso, ho colto le opportunità che mi sono state prospettate e non ho mai chiuso le porte a nessuno. Oggi la mia vita è profondamente cambiata e dopo tanti sforzi, cadute, sacrifici, sono riuscito a riappropriarmi del mio tempo e conquistare la libertà che tanto desideravo.

Lascia pertanto che ti racconti una storia. La mia storia.

CAPITOLO 2

MY WAY

"Libertà non è l'assenza di obblighi, bensì la
capacità di scegliere e di impegnarmi in ciò che
ritengo sia meglio per me"

P. Coelho

MY WAY

Sono cresciuto in un piccolo paesino della provincia di Agrigento. Facendo fede a tutte le statistiche di organi autorevoli, quella di Agrigento è notoriamente una delle ultime provincie d'Italia per investimenti, qualità della vita e media reddito *pro-capite*. Senza dimenticare che è una zona con un alto tasso di criminalità organizzata.

Sebbene le condizioni ambientali in cui sono cresciuto non fossero ottimali mi ritengo davvero molto fortunato perché non ho mai vissuto la povertà. Entrambi i miei genitori, ancora oggi, sono impiegati statali, mio padre dipendente al Comune del mio paese, mia mamma insegnante al Liceo Classico. A me e a mio fratello non ci hanno mai fatto mancare niente, non perché eravamo ricchi, ma semplicemente perché negli anni '90, in un contesto come quello della provincia di Agrigento, avere in casa non una bensì due entrate mensili rappresentava quasi un "lusso".

Tutta la mia famiglia, da intere generazioni, ha avuto come datore di lavoro solo lo Stato ed io, naturalmente, come Checco Zalone nel suo celebre "Quo vado?", sono cresciuto con il mito del "posto fisso": vai a scuola, prendi bei voti, una laurea, trovati un bel lavoro, prova tutti i concorsi che puoi. E se i concorsi vanno male, non preoccuparti, c'è sempre la banca...

Questo è ciò che i miei genitori mi hanno sempre ripetuto, questo è l'atteggiamento che ho tratto dalla mia famiglia in ambito finanziario. Luoghi comuni e classici insegnamenti delle famiglie italiane che potevano andar bene fino a pochi anni fa, ma che oggi non sono più validi. D'altronde, per i nostri genitori funzionava così, quindi era comprensibile che i loro consigli andassero verso quella direzione.

Tuttavia, è un dato incontrovertibile che la maggior parte delle persone agisce con le stesse identiche logiche della propria famiglia di origine. Di conseguenza, anche io pensavo che bisognava prendersi il famoso "pezzo di carta", lavorare per 40 anni, 8-10 ore al giorno e puntare al posto fisso per non avere rischi, che il lavoro duro deve essere fatto prima, quando sei giovane e in forma, per poi goderti il frutto di tutta una vita quando sarai in pensione.

Sono profondamente legato alle mie radici, amo la mia terra, ma le opportunità erano obiettivamente limitate per tutta una serie di fattori. Così, terminato il Liceo Classico, grazie ai miei genitori che mi facevano da sponsor, decisi di trasferirmi a Roma per iniziare il percorso di studi in Giurisprudenza presso l'università La Sapienza. Non per vocazione, non perché volessi fare l'avvocato, il magistrato o altro ma semplicemente perché si era instaurata in me la convinzione – frutto della vulgata dell'epoca – che "giurisprudenza ti apre tutte le porte...". Ma le convinzioni si sa, sono tanto vere quanto false, non sono verità assolute, sono punti di vista spesso basati sul sentito dire oppure su una sola limitata esperienza.

Dopo la laurea, nonostante il percorso brillante conseguito con il massimo dei voti, non presi neanche in considerazione l'idea di sviluppare qualche progetto imprenditoriale per conto mio dato che il mio focus fu esclusivamente rivolto a trovare un posto di lavoro da dipendente.

Il caso volle che fui selezionato per fare uno *stage* in Banca d'Italia. Ad essere onesto, nemmeno sapevo cosa fosse e cosa rappresentava questa Istituzione nel nostro Paese. Avevo però capito che per i miei genitori e per tante altre persone vicine era una sorta di "El dorado". Purtroppo, nessuno aveva preso in considerazione che la Banca d'Italia è un Ente pubblico e, come ogni organismo della P.A., per essere assunti occorre vincere un concorso.

Ma già allora, pur avendo vissuto una fantastica esperienza formativa, avevo ben capito che stare dietro una scrivania per 40 anni non faceva proprio per me. Ho sempre avuto una sorta di repulsione verso tutto ciò che è standardizzato e ripetitivo.

Decisi, pertanto, di buttarmi sulla libera professione e diventare avvocato. Mi bastò però pochissimo per accorgermi, nel corso della pratica, che la professione forense era tutto tranne che "libera".

Vedevo attorno a me tanti automi, schiavi del loro tempo. Si svegliano presto la mattina, non staccano mai con la testa, tornano a casa la sera perché lavorano come dei matti per ripagare il loro stile di vita sacrificando gli affetti e le proprie passioni. Ricordo perfettamente che avevo delle colleghe che dovevano supplicare il *dominus*[2] per andare a

---

[2] Per *dominus* si intende il titolare dello studio legale ovvero l'avvocato che prende

vedere la recita del figlio a scuola, persone che venivano in studio pur avendo un febbrone, gente che rimaneva seduta davanti al computer fino a tardi non per lavorare ma solo per timore di essere mandata a casa senza alcuna valida ragione.

E questo è assolutamente niente se consideriamo la vita che fanno i praticanti: non retribuiti o sottopagati, nessuna malattia, niente ferie, condizioni che qualunque sindacato considererebbe inaccettabili. Senza dimenticare le difficoltà di accesso, la saturazione del mercato, la tecnologia destinata a mutare radicalmente la professione.

> *"Libera professione: libera lei, schiavo tu!"* E. Curtoni

Intuendo che le prospettive di carriera erano limitate e la qualità della vita pessima, conseguita l'abilitazione all'esercizio della professione forense, decisi di accettare la proposta di lavorare in *house* in una delle più importanti multinazionali al mondo nel settore petrolifero.

Avevo, infatti, da poco terminato il Master in Diritto di Impresa presso l'Università LUISS di Roma e, devo ammettere che l'idea di fare il *legal counsel* non mi dispiaceva.

Così, alla soglia dei 30 anni avevo il meglio, almeno quello che la società considera tale: un lavoro invidiato da molti colleghi, una famiglia che mi ha sempre sostenuto, una fidanzata straordinaria, pochi amici ma insostituibili,

---

nelle sue cure il praticante.

una carriera in ascesa. Eppure dentro di me nutrivo un profondo malessere.

Vero, non lavoravo in miniera, non facevo turni di notte in catena di montaggio, non raccoglievo pomodori sotto il sole ad agosto, ma ero comunque infelice perché ho sempre avuto grandi sogni, riposto su me stesso molte aspettative e proprio non riuscivo ad immaginare la mia vita lavorativa dentro quelle quattro mura. Un lavoro che non mi regalava alcuno stimolo, tante persone che sapevano solo abbaiare scaricando le colpe sugli altri, lottare ogni mattina presto per entrare nel vagone della metro e andare in ufficio, arrivare a casa tardi la sera, avere solo la forza residua di farsi una doccia e addormentarsi poco dopo.

L'ambiente di lavoro era tutto tranne che motivante, troppa gente senza alcuna ambizione che drenava, ogni giorno, tutte le mie energie. Pur sgobbando sodo, il mio stipendio era sempre bloccato, non ero pagato per i risultati, ma solo per le ore passate in ufficio a prescindere dalla mia produttività. I weekend e le vacanze erano semplici anestesie in cui provavo a sedare la mia insoddisfazione ed il mio girare a vuoto alla ricerca di una via di fuga.

Fu proprio allora che iniziai a rendermi conto che **le persone non riescono a raggiungere ciò che desiderano veramente perché si lasciano trascinare dagli eventi, non si impegnano mai a decidere cosa vogliono davvero ottenere dal loro tempo, dal loro lavoro, dalle loro relazioni e soprattutto da sé stesse.** Non hanno obiettivi se non quelli forzatamente imposti dal proprio datore di lavoro, così finiscono per percorrere qualsiasi strada che la vita gli offre, la quale, per la maggior parte delle volte, si rivela inappagante.

Sperano di raggiungere risultati diversi senza cambiare nulla, sempre pronti a puntare il dito contro qualcuno (il capo, i colleghi, lo Stato, i poteri forti) o a lamentarsi che non funziona niente, che si potrebbe fare di meglio, che il boss non capisce nulla, ma alla fine... restano tutti inchiodati al loro posto di lavoro perché hanno paura di mettersi realmente in gioco e non arrivare alla fine del mese.

Se è successo anche a te, sai bene di cosa sto parlando e penso proprio tu possa capirmi.

La prospettiva di continuare così per il resto della mia vita diventava, giorno dopo giorno, un presupposto tremendamente sbagliato, la domenica era sempre più schifosa al pensiero di dover tornare a fare un lavoro che non mi gratificava.

Anche se guadagnavo uno stipendio più alto della media, avevo la sensazione che non era quello che desideravo, vedevo la mia vita chiusa in una stanza 4x3, lavorare 10/12 ore al giorno, non avere più tempo per fare una partita a calcetto, a tennis, un viaggio o coltivare le mie passioni. Ed il paradosso di tutto ciò era che neanche potevo lamentarmi, perché se capitava di sfogarmi con qualche amico o ex collega universitario erano tutti soliti ripetermi *"ma hai anche il coraggio di lagnarti? Almeno tu un lavoro ce l'hai... noi facciamo gli schiavi 15 ore al giorno senza neanche essere retribuiti"*.

Se poi parlavo con qualcun altro dei miei desideri, al fatto di volere abbandonare il posto in ufficio, lanciare progetti indipendenti, puntualmente finiva col ridermi in faccia. Questo perché, purtroppo, ci insegnano che quando uno cresce, non può più permettersi di sognare. Così, la mia voglia di cambiare era vista come un atteggiamento infantile, come quella di un bambino. E tutto questo mi demoralizzava ulteriormente. Non facevo altro che domandarmi se quello che stavo facendo mi rendeva realmente felice: *"e se stessi sbagliando tutto? Ma è possibile che io non riesca a fare qualcos'altro che valga più di 10 euro l'ora? Esistono altre strade percorribili? Se esistono, le ho valutate adeguatamente?"*.

Ricordo che era una domenica di novembre, mi trovavo a casa di mio fratello, ero depresso, frustrato, lo stomaco si ritorceva, non avevo dormito la notte, sudavo freddo, perdevo capelli, era diventato impossibile rimanere positivo, mi sembrava di essere in un vicolo senza via d'uscita. Volevo a tutti i costi fare qualcosa, magari un business tutto mio ma ero smarrito, non avevo mai conosciuto un vero imprenditore, non avevo i soldi necessari per aprire un'azienda e difficilmente le banche mi avrebbero finanziato qualche progetto. Non sapendo a cosa realmente ambivo, la percentuale di ottenere qualcosa di diverso era, ovviamente, prossima allo zero.

E poi c'era un tarlo che aveva cominciato a insinuarsi nella mia testa: volevo a tutti i costi capire come fosse possibile che alcune persone riuscissero a guadagnare tanti soldi pur rimanendo a casa, a godersi la vita, la famiglia e le loro passioni.

Mi resi conto che avrei dovuto per forza dare una svolta altrimenti avrei vissuto una vita che non sentivo mia. Decisi finalmente di fare chiarezza, presi coscienza che la vita è troppo breve per realizzare i sogni degli altri e iniziai a focalizzare qual era il mio reale obiettivo: **uscire dal mondo del lavoro tradizionale e riconquistare la mia libertà ed il mio futuro.** Sì, volevo essere libero anche se non sapevo come, quando, con quali mezzi, ma iniziai a ripetere continuamente a me stesso "ce la farò!".

Quando vuoi realmente qualcosa, inizi a vedere tutto in maniera diversa, ti accorgi di situazioni a cui prima non prestavi attenzione, ti soffermi ad ascoltare qualsiasi opportunità che ti si presenta davanti e, quando meno te l'aspetti, il destino viene sempre a prestarti soccorso.

> *"Il nostro destino viene formato dai nostri pensieri e dalle nostre azioni. Non possiamo cambiare il vento ma possiamo orientare le vele"* A. Robbins

Da Roma mi recai in Sicilia (essendo ancora ivi residente) per esercitare il mio dovere civico e votare per una consultazione referendaria. L'aereo, come sempre, aveva portato ritardo, ma riuscii lo stesso a prendere l'ultimo autobus che mi conduceva dall'aeroporto di Catania a casa.

Era da poco passata la mezzanotte e ad aspettarmi in stazione vi era uno dei miei più cari amici. Durante il tragitto verso casa, parlando come sempre del più e del meno, così come avviene quando ci si ritrova insieme dopo tanto tempo, mi disse che aveva da poco avviato un'attività imprenditoriale rivoluzionaria e che finalmente aveva trovato la "soluzione" a tutti i suoi problemi.

Io naturalmente non gli credetti, ma riuscii ad evitare di farmi grasse risate, forse anche a causa della stanchezza del viaggio. Ciononostante, sarà per deformazione professionale, cominciai a riempirlo di domande per saperne di più. Per vent'anni, infatti, l'avevo sempre sentito lamentarsi per ogni cosa e, sinceramente, proprio non riuscivo a spiegarmi tutto questo suo entusiasmo.

Sebbene la prima cosa che pensai quella sera fu *"vediamo in che casino si è cacciato"*, decisi comunque di approfondire l'argomento. D'altronde, stavo cercando disperatamente un progetto che mi facesse evadere da quel mondo che non sentivo mio, desideravo anche io ardentemente qualcosa che potesse risolvere, una volta per tutte, i miei problemi, non per una questione di soldi, ma per un motivo più profondo ovvero l'ambizione di una realizzazione personale. Quindi, perché non ascoltare senza alcun pregiudizio una persona di fiducia?

Più vagliavo con meticolosità il progetto, più cominciavo a rendermi conto che si trattava davvero di un'idea rivoluzionaria destinata a fare la storia. Erano coinvolte le più grandi aziende al mondo e questo aspetto fece senz'altro venir meno il mio iniziale scetticismo.

All'epoca curavo tutti gli aspetti legali di una grande azienda, ero pienamente cosciente che nessuna multinazionale abbraccia un business senza un corrispondente tornaconto e senza aver posto in essere in via preliminare tutte le attività necessarie di *compliance*[3].

---

[3] Con la *compliance* un'azienda pone in essere una serie di attività preventive al fine di evitare che si possa incorrere nel rischio della mancanza di rispetto delle normative di settore. In questo modo qualora si dovessero riscontrare delle problematiche foriere di non conformità alle norme, attraverso la *compliance* si suggeriscono e si adottano le soluzioni più adatte ed efficaci. Lo scopo principale della *compliance* è quello di proteggere una società dai rischi di carattere sia legale che reputazionale

Ma la cosa che più mi elettrizzava, era constatare che già migliaia di persone erano realmente riuscite a cambiare la loro vita, riconquistando il proprio tempo per dedicarsi alla famiglia e alle proprie passioni.

Fino a quel momento ero convinto che bisognava lavorare per 40 anni, 8-10 ore al giorno e puntare al posto fisso per non avere rischi. Eppure, iniziai a rendermi conto che non era così, non avevo mai preso in considerazione la possibilità di cambiare le regole del gioco, pian piano prendevo coscienza che si poteva davvero raggiungere la libertà finanziaria grazie ad un flusso di entrate automatiche costanti.

Per me fu letteralmente uno *shock*, quel giorno la mia mente fece "click", avevo finalmente trovato la mia chiave di volta. Era come se mi fossi improvvisamente svegliato da uno stato comatoso in cui avevo vissuto per vent'anni. Finalmente avevo l'opportunità di creare davvero qualcosa di importante, fare qualcosa in più, per me e per le persone che mi stavano accanto anche senza lasciare il mio lavoro in azienda.

Improvvisamente, venni assalito da una gigantesca sensazione di sicurezza, una fiamma ardente dentro mai avuta prima. Per me, infatti, rappresentò uno di quei treni che passano una sola volta nella vita: *"se ci salgo posso cambiare davvero qualcosa; se non ci salgo non cambierà niente. Proviamo!"*. Questo fu il mio input iniziale, il mio punto di partenza.

Così iniziai il mio viaggio, avevo già rimandato troppe volte.

> *"Il momento più difficile è quando si prende una decisione, dopo di che il passo è facile."* R. Kiyosaki

Oggi, a distanza di pochi anni, cosa è successo? Non lavoro più in azienda, ho creato entrate automatiche in settori diversificati che mi danno la possibilità di essere libero. Non baratto più tempo per denaro, non ho bisogno di chiedere permessi a qualcuno o organizzarmi con i miei colleghi per le ferie, viaggio in giro per il mondo quando voglio, mi gestisco la cosa più preziosa che ho: il mio tempo. Soprattutto ho sviluppato una mentalità vincente in grado di generare in me motivazioni così forti da darmi ogni volta l'energia necessaria per il raggiungimento degli obiettivi prefissati, quelli che consideravo problemi anni fa adesso mi sembrano delle stupidaggini, non sottovaluto mai le opportunità che il mercato presenta, sono affamato di sapere, continuo a studiare e formarmi, ascolto sempre tutti anche se poi vado dritto per la mia strada.

In poche parole, quella decisione di un dicembre non tanto lontano mi ha cambiato totalmente il modo di vivere.

CAPITOLO 3

FREEDOM

"La libertà è quel bene che ti fa godere
di ogni altro bene"

Montesquieu

FREEDOM

Da un po' di anni il concetto di libertà finanziaria è entrato con forza nel nostro linguaggio comune. Per farti capire meglio di cosa si tratta, è opportuno distinguere preliminarmente due diverse tipologie di entrate finanziarie:

- Le **entrate attive** sono quelle che derivano dall'attività professionale che svolgi e, quindi, sono direttamente proporzionali alle ore lavorative prestate;
- Le **entrate passive** o *automatiche* sono, invece, quelle che derivano dalle rendite e dagli interessi di un patrimonio finanziario o immobiliare, dal godimento di pensioni, diritti d'autore, *royalties.*

Essere finanziariamente liberi vuol dire, appunto, avere fonti di reddito "automatiche" costanti in grado di sostenere il proprio tenore di vita senza necessità di dover avere un reddito derivante dalla propria attività lavorativa per poter vivere. In altri termini, la libertà finanziaria si ottiene nel momento in cui il valore di queste fonti di reddito passive è almeno pari al costo delle proprie spese/uscite, **quanto tempo puoi vivere senza poter lavorare mantenendo inalterata la qualità della tua vita.**

Al riguardo, è opportuno precisare che, quando si parla di rendite passive non si intende delle somme percepite *una tantum* come un'eredità oppure conseguenti alla vendita di un bene bensì fonti di guadagno automatiche che presentano una **continuità nel tempo.**

Come puoi iniziare a costruire la tua libertà finanziaria? Semplice, basta calcolare precisamente di quanto denaro ogni mese necessiti per il tuo sostentamento che tenga conto anche di eventuali imprevisti a cui potresti dover far fronte. Se il tuo concetto di indipendenza economica coincide con il non voler più fare un lavoro che detesti e gestire in autonomia il tuo tempo, potrai raggiungere il tuo obiettivo in poco tempo, ma questo dipenderà dal tuo impegno e dalla tua forza di volontà.

Attenzione però, inutile pensare che in una settimana si conquista la libertà... Essere liberi finanziariamente non vuol dire necessariamente smettere di lavorare o non far più nulla dalla mattina alla sera, ma vuol dire **poter decidere se farlo o meno.** Non significa obbligatoriamente essere milionari quanto piuttosto togliere la sveglia la mattina per recarsi in ufficio e avere il totale controllo sul proprio tempo.

Le persone che si sono liberate finanziariamente e che vivono di rendita grazie alle loro entrate automatiche non passano tutto il giorno su una Ferrari a Montecarlo o su una spiaggia della Polinesia (queste sono le visioni distorte generate da qualche ciarlatano, buone per gli allocchi da spennare), ma impiegano bene il proprio tempo a far funzionare le loro fonti di reddito tanto quanto a studiare, sperimentare, cogliere nuove opportunità e trasformarle in realtà, pur non tralasciando le proprie passioni.

> *"Qualsiasi professione oggi rappresenta una forma di baratto moderno perché viene scambiato tempo per denaro"* A. Bardolla

Imparare come si raggiunge la libertà finanziaria è facile, conquistarla, invece, ti assicuro, che è un processo che richiede impegno e tanta perseveranza. Tempo fa lessi un articolo in cui si affermava che per andare nello spazio il 90% dell'energia viene impiegata per superare l'atmosfera, dopodiché tutto diventa più semplice... Ecco, succede lo stesso anche per diventare liberi finanziariamente.

Immagina, infatti, la tua vita finanziaria come un aereo in pista pronto al decollo. Ovviamente non è possibile partire subito e raggiungere immediatamente i 280 km/h per alzarti in volo. Dovrai prima immettere il carburante necessario all'interno del velivolo, accertarti che tutti i comandi siano funzionanti, prendere la rincorsa necessaria e, alla fine, riuscirai a spiccare il volo. Inizialmente verrà tutto in salita, sarà più difficile guadagnare i primi 1.000 euro di rendite automatiche che cifre più importanti. Ma con il passare del tempo e l'esperienza, diventerà sempre più facile fino a che troverai il corretto "assestamento".

Io ovviamente mi auguro che questo libro rappresenti per te un inizio anche se dovrai lo stesso attivarti, formarti, impegnarti, acquisire conoscenze specifiche e sviluppare capacità personali e psicologiche che ti permetteranno di focalizzare e perseguire i risultati desiderati.

> *"Non dalla ricchezza nasce la virtù ma dalla virtù deriva, piuttosto, ogni ricchezza e ogni bene"*
> Platone

Purtroppo, la maggior parte delle persone vuole tutto pronto, manca di disciplina e voglia di crescere, vive in modo automatico e più passano gli anni, più questo automatismo continua ad aumentare, smette di lottare per i propri sogni, non fa nulla per raggiungere i propri obiettivi piuttosto preferisce combattere quotidianamente per non infrangere i propri standard. Così, le persone finiscono sempre per trovare delle giustificazioni ai loro comportamenti improduttivi in modo da attenuare il dolore e rendere le situazioni più accettabili.

D'altronde, vivere di *default* è dannatamente comodo e facile, si trascorre la vita davanti alla TV, sui social, allo stadio, in discoteca o a lavorare come muli per uno stipendio minimo, decidendo di metter da parte i propri sogni con il pensiero del "prima o poi lo farò". Ma sappiamo benissimo che quel momento non arriverà mai perché significa alzare il culo dal divano, andare oltre i propri limiti. Da un lato, infatti, tutti vorrebbero avere un conto più sostanzioso, una casa più grande, una macchina più bella, viaggiare in giro per il mondo… dall'altro, la forza del desiderio non è abbastanza forte da costringerli a fare qualcosa a riguardo.

Questo almeno fino a quando non subentra il c.d. "stato di emergenza" ovvero quel limite mentale che fa scattare il panico quando il saldo sul proprio conto corrente scende sotto una determinata soglia. Ed è solo a causa dell'emergenza che il panico provato si trasforma in azione finalizzata a recuperare quell'entrata sufficiente a tornare mentalmente in uno stato di (apparente) sicurezza.

Sicché, ci si riduce sempre a lavorare duramente per pochi euro, si resta aggrappati all'illusione della sicurezza del posto di lavoro aspettando con ansia le tre settimane di ferie annuali e la magra pensione dopo 40 anni di fatiche.

Adesso rispondi onestamente: quanto tempo al giorno passi su Facebook o lo trascorri davanti la TV? Quanto tempo dedichi alla pigrizia eccessiva o ad altre attività assolutamente non produttive? Non voglio dire che non sia giusto riposare o svagarsi dopo una giornata di lavoro, ma prova per un attimo a pensare quanto velocemente potrebbe cambiare la tua vita se iniziassi a dedicare quelle poche ore per far crescere la tua intelligenza finanziaria ed incrementare le tue entrate automatiche.

Al riguardo, voglio darti un consiglio che mi è stato molto utile: **per perdere una cattiva abitudine devi fare in modo che questa diventi impraticabile.** Io ad esempio, mi sono reso conto che guardavo troppa TV e sprecavo ore intere sui social. Così, per ottimizzare il mio tempo, ho deciso di togliere le pile dal telecomando (per farmi passare la voglia di guardare la TV) e mettere il telefono in un'altra stanza in modo tale che, ogni volta che ho l'impulso di bighellonare su Instagram o scrivere messaggi inutili a qualcuno, devo necessariamente alzarmi per andare a recuperare il telefono.

Lamentarsi non è mai un buon piano, è solo qualcosa che ti pone problemi, ma non li risolve. Ed il paradosso è che molti si lamentano perché va di moda, perché lo fanno tutti gli altri. La mancanza di opportunità di cui la gente si lamenta, in realtà, non è altro che mancanza di sacrificio.

Quanta gente conosci che ripete di non essere attaccata ai soldi però è disposta a lavorare più di 8/10 ore al giorno? Quante persone fanno gli straordinari (sottopagati) magari anche il sabato e la domenica pur di arrivare alla fine del mese? Sono ricche? No, non lo sono, anzi hanno un reddito basso che, se va bene, diciamo tiene il passo con l'inflazione. Non so se ci hai mai fatto caso ma tutte queste persone continuano sempre a ripetersi di aspettare l'"occasione giusta", solo che, nella vita reale, quando capita la famosa occasione che potrebbe risolvere la loro esistenza non se ne accorgono o peggio ancora, la snobbano. Se ne rendono conto soltanto dopo ovvero quando qualcun altro più intelligente o semplicemente più lungimirante ha fatto fortuna approfittando della medesima occasione.

Preferiscono rimanere intrappolati in quella che alcuni hanno chiamato **"rate race"** ovvero la ruota del criceto. Prova ad immaginare un criceto nella sua ruota che corre senza una meta precisa. Corre veloce, si stanca, non arriva da nessuna parte, eppure continua a girare.

Queste persone, pur lavorando duramente, non lo fanno per sé stesse, ma per pagare tutte le loro spese, i prestiti, il mutuo, le bollette. Non hanno nessun controllo sulle proprie finanze, non pensano a lungo termine, spendono più di quello che guadagnano, comprano abiti firmati, nuovi accessori tecnologici e qualsiasi altra cosa possa offrirgli una gratificazione istantanea. Tutto quello che entra nelle loro tasche a fine mese esce. E non importa se vi è un aumento di stipendio frutto di una promozione, di un lascito ereditario o di un secondo lavoro. Se si fermano, muoiono di fame. Così, sperano di arricchirsi scommettendo alla Snai, all'Enalotto o col Gratta & Vinci...

Poi ci sono quelli che mettono da parte quasi tutto il loro stipendio: disdicono l'abbonamento TV, collezionano coupon, non vanno mai a mangiare fuori, non si fanno alcuna vacanza. Sgobbano per 40 anni il più possibile, mettono i soldi risparmiati sotto il cuscino o in banca per avere un interesse misero del 2%, sacrificano tutta la loro gioventù sperando di godersi, una volta in pensione, i frutti del proprio lavoro. In sostanza, attribuiscono valore soltanto ai soldi fregandosene dell'importanza del loro tempo.

Solo che non è affatto assicurato che il loro piano possa realizzarsi perché ci sono troppe variabili in gioco. Per esempio, non è detto che una persona viva fino a 70 anni...

Sia chiaro, non sto affermando che bisogna licenziarsi, almeno non nell'immediato. Con la "teoria" o la storia romantica non si pagano le bollette... Voglio solo farti rendere conto che oggi occorre cercare libertà non sicurezza. Non basta lavorare duramente, non si può rincorrere una sicurezza sempre più precaria, ma è necessario imparare a gestire bene il proprio denaro e crearsi delle entrate automatiche.

> *"Il segreto della felicità è la libertà. Ed il segreto della libertà è il coraggio..."* Pericle

La ricchezza è relativa, ognuno può sentirsi abbiente con poco. Ma **i soldi sono solo il mezzo per raggiungere altri obiettivi che coinvolgono l'intera esistenza delle persone.** Spesso tutto si semplifica con l'avere tempo, per sé e per i propri cari, per viaggiare, per dedicarsi alle proprie passioni, per pagare la retta di una prestigiosa università ai propri figli, per fare volontariato, per riempire di significato la nostra vita. Non puoi negare che il benessere, anche quello psicofisico, si ottiene grazie al supporto di una certa tranquillità finanziaria.

Pertanto, se vuoi essere libero devi necessariamente imparare a reinvestire i tuoi risparmi. Inizia subito a spendere meno di quello che guadagni e investi bene ciò che riesci a mettere da parte ogni mese. Magari per un po' di tempo non potrai comprarti il macchinone, l'abito firmato, non ti potrai permettere di andare alle Maldive, ma avrai senz'altro la possibilità di investire il tuo denaro per farlo moltiplicare.

Se saranno le entrate automatiche a finanziare il tuo stile di vita allora potrai considerarti davvero libero dalle preoccupazioni per il futuro, libero di poter scegliere a cosa dedicare il tuo tempo, libero di realizzarti per la persona che sei e non per quella che ti hanno insegnato ad essere.

Tuttavia, per raggiungere la libertà finanziaria partendo da zero, prima ancora che il denaro, gli strumenti e la capacità di investire è essenziale un presupposto: **dovrai acquisire una mentalità in grado di generare motivazioni forti per riuscire ad essere costante nel fare sistematicamente ciò che serve**, motivazioni così forti da darti quella determinazione che produce decisioni nette, energia, e, di conseguenza, risultati.

La tecnica è uguale per tutti, si impara facilmente e non fa mai la differenza. Quello che più importa è avere un *mindest* adeguato. In assenza di questo, continuerai solo a documentarti, finirai per sapere tutto su come si potrebbe fare, ma... continuerai a non agire e, naturalmente, a non ottenere nulla.

Pertanto, prima di andare a vedere nel dettaglio i

sistemi che ti consentono di creare delle rendite passive, ritengo sia indispensabile partire dalle fondamenta perché senza queste anche la fortezza più resistente al mondo crollerebbe.

È necessario, infatti, che tu capisca che l'abilità per diventare economicamente indipendenti è legata a quella di creare ed aggiungere valore a te stesso.

CAPITOLO 4

MINDSET

"La fortuna aiuta le menti preparate"

L. Pasteur

MINDEST

Molti guardano le persone di successo vedendo soltanto il risultato finale e non tutto il lavoro che c'è dietro.

Non posso negare che, anche io, per tutta la mia adolescenza, ho sempre pensato che le persone ricche avessero raggiunto il successo grazie alla fortuna o perché erano scese a compromessi, accumulando di conseguenza ingenti capitali in modo disonesto.

Ovviamente, il contesto sociale in cui viviamo gioca un ruolo fondamentale nel plasmare il nostro pensiero. La mia adorata nonna, ad esempio, mi ha sempre ripetuto che i soldi rendono le persone "dannate". Sono così cresciuto con la convinzione che il denaro faccia diventare le persone avide, cattive ed egoiste, perché è questo che la società ci porta a pensare.

Con la maturità, guardando semplicemente le cose da un altro punto di vista, senza pregiudizi di sorta, ho rimosso questa mia errata convinzione. Ho preso consapevolezza che il successo non è lusso, sfarzo, belle auto bensì la capacità di alcune persone di "far succedere le cose", le quali, con caparbietà e perseveranza non si limitano all'ordinario ma fanno molto di più rispetto alla media, decidono di creare valore per fare la differenza. Queste persone hanno raggiunto il successo grazie ad un metodo che deriva dalla loro mentalità, usando l'intelligenza, studiando, impegnandosi duramente e sviluppando abilità fuori dal comune.

Tale premessa solo per farti rendere conto che, piaccia o non piaccia, tutto parte dalla mente. Noi non siamo altro che la somma dei pensieri che coltiviamo, non creiamo nulla se prima non lo concepiamo fattibile al pensiero. Il denaro ed il benessere finanziario sono solo il risultato della nostra programmazione e della nostra psicologia.

Ed è questo il motivo per cui ho voluto dedicare un intero capitolo a questo aspetto perché **le migliori tecniche, le strategie più efficienti non cambiano mai il risultato senza la giusta mentalità.** Se vuoi conquistare l'indipendenza economica, devi prima di tutto modificare il modo di pensare impartito dalla tua famiglia e dal gruppo di persone che frequenti, altrimenti, riuscirai (forse) ad arrivare ai loro risultati, ma lì ti fermerai.

L'intelligenza, i punti di debolezza, il modo in cui interpretiamo le difficoltà, lo stato mentale con cui vediamo il mondo, infatti, non sono elementi ereditari e immutabili, ma sono frutto di un impegno intenzionale e possono essere modificati col tempo e con l'impegno. Io potrò anche spiegarti tutte le regole, illustrarti ogni sistema per avere delle entrate automatiche ma se rimani ancorato alle tue posizioni, a tutte quelle convinzioni limitanti che ti bloccano al punto da non riuscire nemmeno ad ascoltare i miei consigli, con molta onestà, ti dico chiaramente che sarà solo l'ennesima battaglia contro i mulini a vento perché non riuscirai mai a cambiare ed ottenere risultati diversi rispetto a quelli che hai oggi.

Se non rimuovi tutte le false credenze connesse alla possibilità di raggiungere la libertà finanziaria, se non cambi il tuo modo di pensare, di vedere le cose e di agire, potrai anche studiare ed impegnarti più degli altri, ma il risultato verrà compromesso dai tuoi effettivi valori inconsci perché avrai sempre una visione irreale, meramente teorica o comparativa di ciò che asserisco.

> *"È la mente che rende sani o malati, tristi o felici, ricchi o poveri."* E. Spencer

Tutti nasciamo privi di credenze, ma sin da bambini iniziamo a maturarne di diverse, inculcate nella nostra mente, giorno dopo giorno, dalle persone che gravitano intorno a noi: genitori, parenti, insegnanti, società, politici, media. Esperienza dopo esperienza, raccogliamo una serie di sensazioni e percezioni, le rielaboriamo, le interpretiamo e le trasformiamo in credenze.

Queste guidano i nostri pensieri, i nostri comportamenti, alcune convinzioni ce le portiamo dietro da sempre, mentre altre mutano con il passare del tempo. Ognuno interpreta la realtà utilizzando i propri filtri, attraverso le proprie paure e le proprie certezze, tuttavia **non è detto che quel determinato punto di vista sia quello giusto.**

Ti faccio un esempio: ci hanno insegnato che il toro è attratto dal colore rosso. Falso! I tori hanno come uniche possibilità cromatiche il blu e il giallo. Il rosso, utilizzato da sempre dai toreri, è semplicemente un richiamo al sangue, per creare pathos nella corrida. Ciò che realmente innervosisce il toro è semplicemente il tessuto in continuo movimento.

Naturalmente anche io, come tutti del resto, ho maturato nella mia vita tante credenze. Ricordo ancora quanto ci restai male quando da bambino venni a sapere che Babbo Natale – almeno quello che oggi conosciamo – in realtà non esisteva, ma era solo una trovata pubblicitaria della Coca-Cola. Per non parlare di tutte le volte che ho ripetuto a me stesso di non essere portato con le lingue straniere. Ero proprio bloccato, il mio cervello si rifiutava di imparare l'inglese. Ogni tentativo falliva miseramente. Era soltanto un mio limite, una convinzione depotenziante che mi frenava a fare qualcosa di importante per la mia carriera.

Fortunatamente, con l'età e l'esperienza, ho capito che **le credenze non coincidono con la realtà effettiva, ma sono solo percezioni soggettive.**

Non so se hai mai fatto caso che le persone che rimangono attaccate alle proprie credenze, sono quelle che restano ferme, non riescono a migliorare. Ti sei mai chiesto cosa potrebbe succedere se potessi eliminare tutte quelle credenze che ti tengono ancorato ad una situazione che pensi di non meritare e potessi crearne di nuove? Cosa potrebbe accadere se dessi a te stesso il permesso di indagare sulla realtà insita in tutte le cose in cui credi? La nostra mente è come un computer, hai semplicemente bisogno di sostituire i file che oggi ti fanno vedere le cose in maniera diversa. Se riuscirai a cambiare le tue percezioni, vedrai che automaticamente sarai in grado di modificare il tuo sistema di credenze che oggi ti frena.

Per esempio, una delle cose che mi sento ripetere spesso è *"non riesco a farlo..."*. Diamine! Se non sei capace a fare una cosa non vuol dire che non lo sarai mai, vuol dire semplicemente che ancora devi imparare a farla, è solo una tua convinzione limitante.

Al riguardo, voglio raccontarti l'impresa di Roger Bannister, il quale, il 6 maggio del 1954, stabilì un record destinato a rimanere nella storia dell'atletica leggera. Fu infatti il primo uomo a correre un miglio al di sotto dei 4 minuti, precisamente in 3 minuti, 58 secondi e 8 decimi.

Ma perché questo record è storico? Lo è per diversi motivi... Bannister andò al di sotto di quello che veniva considerato un limite umano nel senso che veniva considerato impossibile correre la distanza del miglio sotto ai 4 minuti.

Questo perché nell'800 (e quindi un secolo prima) un famoso luminare di medicina, nello spiegare come funzionava il cuore umano – almeno per le conoscenze dell'epoca – disse che se l'uomo veniva sottoposto ad uno sforzo superiore alle sue possibilità, il cuore avrebbe potuto scoppiargli nel petto... E durante il convegno fece proprio l'esempio della corsa del miglio: se un corridore andava sotto il tempo di 4 minuti, si sarebbe potuto verificare tale evento.

Questa credenza, non provata da nessuno, ma figlia della vulgata dell'epoca, diventò con il tempo un luogo comune.

Negli anni '50 Roger Bannister che oltre ad essere un atleta era anche uno studente di medicina, specializzato in neurologia, capì che per ottenere il risultato desiderato, il vero organo da allenare non erano le gambe bensì la mente.

Così nel 1954 infranse questo record scendendo al di sotto dei 4 minuti. Si narra che quando lo *speaker* dello stadio pronunciò il tempo realizzato, all'interno dello stadio ci fu un boato clamoroso da parte del pubblico.

Ma la vera curiosità è un'altra, ovvero quello che accadde dopo... Una cosa che non era riuscita a fare nessun corridore prima, iniziò improvvisamente a diventare alla portata di tutti. Nell'anno seguente, ben 31 atleti riuscirono ad ottenere lo stesso risultato e nei tre anni successivi furono più di 300 gli atleti che riuscirono a correre il miglio al di sotto dei 4 minuti, ad oggi sono più di 20.000 persone.

Roger Bannister, con questo record tolse un limite nella mente di tutti quanti. Il credere che una cosa fosse impossibile, limitava le prestazioni e le capacità per ottenere quel determinato risultato

Questa storia di sport a mio avviso è molto importante perché ci fa riflettere su quanto **le credenze limitanti collettive, i luoghi comuni incidono sulla nostra vita** come dei blocchi che ci frenano.

Quante volte ti sei sentito dire *"non è possibile perché da sempre funziona così!"*. La verità è che non verifichiamo, prendiamo per buone le parole, le credenze o le paure di qualcun altro facendole diventare verità assolute.

Bannister credeva che era possibile raggiungere quel risultato anche se tutti gli dicevano che era impossibile. Se non l'avesse creduto, non l'avrebbe mai potuto fare.

Questo per dirti che bisogna sempre ascoltare gli altri, però allo stesso tempo non bisogna mai farsi condizionare quando le convinzioni altrui tendono a limitare noi stessi.

Quando vuoi qualcosa, invece di ascoltare gli altri ascolta solo te stesso, perché se c'è una cosa che ho imparato in questi anni è che **non esistono persone prive di capacità, ma stati d'animo privi di capacità.**

"Quando mi sono svegliato senza gambe ho visto la metà che era rimasta, non la metà che era andata persa" A. Zanardi

Il vero problema è che molti hanno un'opinione molto bassa di sé stessi, sottovalutano le proprie capacità, pensano che gli altri siano molto più intelligenti e sottostimano le proprie abilità. Purtroppo, ciò che limita le persone non è la mancanza di conoscenze tecniche bensì la mancanza di fiducia in sé stesse.

Se vuoi davvero cambiare i tuoi risultati, prima ancora di modificare le tue azioni, devi mutare lo stato d'animo in cui ti trovi e che oggi ti blocca. Si tratta di modificare la *forma mentis* da statica a dinamica ovvero di considerare che le capacità si possono acquisire e sviluppare lungo tutta la nostra vita fino a raggiungere traguardi inaspettati.

"Cerco sempre di fare ciò che non sono capace di fare, per imparare come farlo" P. Picasso

Ogni abilità, qualsiasi competenza, le prime volte è difficile. Poi, piano piano, si prende confidenza e grazie all'attivazione di alcuni meccanismi inconsci tutto diventa più facile e spontaneo.

Ricordi come ti comportavi nel traffico le prime volte che guidavi un'auto? Nonostante mi atteggiassi da esperto, me la facevo addosso non appena mettevo in moto. Sembra ieri quando, prima di partire per una gita scolastica, mi andai a sfracellare contro un muro sfasciando la fiancata del SUV che mio padre aveva acquistato poche settimane prima.

Immagino che anche tu avevi mille pensieri all'inizio, vero? Guardare nello specchietto, pigiare l'acceleratore, schiacciare la frizione, cambio, poi rilasciare la frizione. Ti sembrava impossibile gestire il veicolo. Quante cose tutte insieme... Ed invece, guida dopo guida, cosa è successo? Quello che è successo a me e a tutti gli altri ovvero che andare in auto è diventato facile, un'abitudine, al punto che ora mentre guidi, ascolti liberamente la radio, parli con il passeggero a lato e magari ti sarà anche capitato di percorrere la strada verso casa senza nemmeno prestarvi molta attenzione dato che la conosci praticamente a memoria. Oggi guidare la macchina non la consideri di certo un'attività difficile, ma un qualcosa del tutto automatico, magari anche piacevole.

Ti ho fatto questo esempio proprio per dimostrarti che è sempre e solo una questione di allenamento.

> *"Tutte le cose sono difficili prima di diventare facili"* J.Norley

Anche ciò che crediamo sul fatto di guadagnare o produrre denaro è condizionato dalle nostre convinzioni. Quante persone che conosci ti hanno detto che è impossibile raggiungere la libertà finanziaria? Quanti ti ripetono che per fare i soldi bisogna prima averceli? E siccome gli altri te lo dicono, tu ci credi, giusto? Hai verificato? Che tipo di esperienza lavorativa hanno queste persone? Se qualcuno ti sta comunicando una sua convinzione o una propria paura, sappi che quel sentimento è generato esclusivamente dalle sue esperienze ed è frutto della sua personale percezione della realtà. Non c'è nulla che ti imponga di prenderla per vera.

Adesso prova a mettere da parte le convinzioni che hai maturato fino ad oggi e sposta la tua attenzione sulle persone di successo. Che cosa hanno queste in comune? Hanno solo talento? Forse... Io penso, invece, che tutte siano accomunate dal fatto di avere una mente audace, si adoperano a mettere in atto le loro capacità e tutti gli strumenti a disposizione per realizzare i loro obiettivi. È solo per questo che la fortuna li aiuta. Certo, inizialmente lavorano duramente per trasformare l'idea in realtà, ma sono ore che non producono stress, ma solo una grande motivazione.

> *"Non esistono limiti alla mente se non quelli che noi stessi le imponiamo. Sia la ricchezza che la povertà sono frutti del pensiero"* N. Hill

Conosco tantissime persone con una vasta cultura (avvocati, ingegneri, insegnanti, medici, architetti, commercialisti) che svolgono professioni di successo, ma che sono del tutto incompetenti finanziariamente. I soldi senza intelligenza finanziaria fanno presto a dileguarsi del tutto.

La formazione è la migliore capacita di produrre denaro, **chi è ignorante viene facilmente manipolato, chi sa il fatto suo ha la possibilità di reagire.** D'altronde, un popolo finanziariamente impreparato è più facile, da controllare ed è più semplice installargli la convinzione limitante che nel mondo non ci siano opportunità.

> *"La sicurezza del potere si fonda sull'insicurezza dei cittadini"* L. Sciascia

Tutte le persone di successo che ho avuto modo di conoscere negli ultimi anni hanno una caratteristica in comune: studiano in continuazione, non rinunciano mai all'istruzione perpetua (specie in relazione al loro settore, ai loro affari), leggono ogni giorno e ogni libro genera curiosità per altri libri. Sono avidi di conoscenza e non si fermano mai.

Perché la **conoscenza è potere,** ma è potere solo potenziale in quanto non basta leggere semplicemente le istruzioni, occorre piuttosto mettere in pratica tutto ciò che impari perché **la conoscenza senza l'applicazione causa solo frustrazione.** Con la grande rivoluzione culturale e tecnologica in corso, tutti noi abbiamo il dovere di saperne di più e meglio.

Non commettere l'errore di credere che il periodo di acquisizione delle conoscenze finisca con la frequenza scolastica. Devi continuare a leggere, informarti, studiare, frequentare corsi attinenti al tuo settore per poter restare sempre sul pezzo, altrimenti, nel giro di poco tempo sarai spezzato via dal mercato del lavoro. Lascia, dunque, che le tue capacità crescano ogni giorno, impara a diventare un lettore abituale perché se ti abitui a leggere molto, la tua mente potrà svilupparsi in modo incredibile.

> *"All leaders are readers"* H.S. Truman

Purtroppo, l'attuale sistema scolastico/universitario

non è strutturato per forgiare imprenditori o investitori, ma si limita a generare meri esecutori, professionisti, dipendenti o... disoccupati. La formazione scolastica classica (diplomi, lauree, master), infatti, non ha alcuna incidenza con la capacità di produrre o gestire il denaro. Quando sei andato in banca a chiedere un prestito, per caso ti hanno chiesto il *curriculum vitae* o *studiorum*? Ovviamente no, gli impiegati si sono semplicemente limitati a valutare la tua situazione patrimoniale.

Questo a significare che non vi è alcuna correlazione fra la ricchezza e titolo di studio, ma è più importante quello che sei stato in grado di realizzare rispetto a quello che hai studiato a scuola. Richard Branson, Bill Gates, Larry Ellison, Steve Jobs, Thomas Edison, sono tutte persone plurimiliardarie che hanno cambiato la storia ed il nostro modo di vivere pur non essendo laureate.

Attenzione, non sto dicendo che l'università non sia importante, anzi... tutto il contrario. Non ho ancora dei figli, ma se un giorno dovessi averli vorrei che andassero all'università perché studiare apre la mente, relazionarsi con altre persone aiuta a crescere, ogni esame è una sfida da affrontare e superare. Voglio solo farti rendere conto che la capacità di raggiungere l'indipendenza economica non dipende da quello che impari a scuola. **C'è infatti qualcosa che lo studio non ti darà mai: l'ambizione e la tenacia**. Queste dipendono solo da te.

> *"I poveri hanno grandi TV. I ricchi hanno grandi librerie"* J. Rohn

È fondamentale che tu acquisisca la mentalità **necessaria che ti permetta di costruire qualsiasi attività ed avere dei guadagni svincolati dal tempo che vi dedichi.** La strada da seguire è quella di uscire completamente dal concetto di farti pagare all'ora o a provvigione, ma solo in base ai risultati che produci. Ovviamente è più difficile, rischioso, richiede più competenze, ma il valore è totalmente diverso. Questo lo dico con estrema franchezza perché, ti garantisco, che anche io ho dovuto lavorare tanto (e continuo a farlo) per fortificare il mio *mindest*. Se per primi riusciamo a cambiare noi stessi, genereremo impatti positivi aiutando a anche gli altri intorno a noi. Se farai diventare il cambiamento sinonimo di progresso, evoluzione, miglioramento, crescita, allora non potrà farti paura e sarà soltanto stimolante. Quindi, niente segreti inesistenti, alibi o scuse perché queste, con il passare del tempo e a furia di ripeterle, si trasformano in verità. Nulla cambia se non sei tu a farlo cambiare. Non ci sono vie di mezzo né compromessi possibili. L'unico comune denominatore sono l'impegno, la costanza, la determinazione e non smettere mai di imparare. Perché potrai perdere tutto, ma non quello che impari.

CAPITOLO 5

PEER TO PEER

"Grandi spiriti hanno sempre incontrato
violente opposizioni da menti mediocri"

A. Einstein.

PEER TO PEER

In informatica l'espressione **"peer-to-peer"** sta ad indicare una rete paritaria in cui i nodi non sono gerarchizzati unicamente sotto forma di *client* o *server* fissi, ma anche come nodi equivalenti paritari, "peer" per l'appunto. In tal modo, gli utenti sono in grado di accedere direttamente l'uno al computer dell'altro, visionando e prelevando i file presenti nelle memorie di massa e mettendo a loro volta a disposizione i file che desiderano condividere.

Se traduciamo letteralmente l'espressione "peer to peer" andiamo a vedere che sta a significare "pari a pari".

Di seguito, infatti, andremo ad affrontare un altro fattore fondamentale per il raggiungimento della libertà ovvero **l'incidenza che ha su di noi l'ambiente che ci circonda.**

Purtroppo, nella società in cui viviamo, siamo soliti sentirci dire quotidianamente frasi del tipo *"vola basso"*, *"non farti viaggi mentali"*, *"trovati un lavoro"*, *"non è possibile"*, *"risparmia ora e goditeli da adulto"*, *"sei solo un sognatore"*. Spesso, magari con buone intenzioni, ci ribadiscono cose familiari come *"sii realista"*, *"chi te lo fa fare" o "stai attento!".* Quante volte anche tu ti sei sentito dire queste frasi dai tuoi genitori, parenti, colleghi o amici?

È dunque imprescindibile circondarsi di persone che perseguono i tuoi stessi fini, che hanno la tua stessa ambizione, che non si lasciano trascinare in basso dalle parole di chi nella vita ha concluso poco o nulla.

Il **"gruppo dei pari"** è, appunto, un gruppo di persone che si confrontano costantemente su una determinata situazione al fine di trovare la migliore soluzione per risolvere un dato problema. In sostanza, il successo di un'impresa è legato proprio alla presenza di quella che Napoleon Hill – uno dei padri dello sviluppo personale, vissuto il secolo scorso – definisce "alleanza di cervelli". Ogni volta che due o più intelletti si uniscono si crea una "terza mente" di qualità superiore dotata di un'energia molto efficace. La loro interazione risulta essere estremamente produttiva e porta tutti a raggiungere un livello maggiore di conoscenza perché vengono in mente nuove idee, nuovi spunti, nuove intuizioni che consentono di raggiungere più facilmente lo scopo perseguito.

La maggior parte delle volte, il successo di un'idea imprenditoriale dipende proprio dalla capacità del suo ideatore di formare una squadra unita, composta da persone dotate di competenze relative a vari ambiti, dalle quali attingere conoscenza, esperienze e creatività.

Il nostro tenore di vita, il nostro divertimento, i nostri modi di pensare non sono altro che il frutto di quelli della media delle persone che frequentiamo. Questa è quella che Jim Rohn chiama **"Legge dell'Associazione"** secondo la quale diventiamo la media delle cinque persone con le quali passiamo più tempo. Finiamo per pensare come loro, agiamo come loro, parliamo come loro e, naturalmente, guadagniamo quanto loro.

Non ci credi? Allora ti invito a fare un esercizio: prendi carta e penna e scrivi le 5 persone che frequenti di più, le prime che ti vengono in mente, indifferente che siano familiari o amici. Una volta fatto questo elenco, scrivi accanto ad ogni nome la cifra annua che costoro guadagnano. Completato il suddetto elenco, somma matematicamente il reddito di ciascuno e dividilo per il numero di persone. Noterai bene che la cifra risultante da questo calcolo è, approssimativamente, pari a quella che guadagni tu annualmente.

Hai appena constatato che questa legge è vera, non c'è modo di cambiarla. Simile attrae simile, è una specie di codice della natura. Per tale ragione, il "gruppo dei pari" diventa gioco-forza un potentissimo elemento che influenza i nostri comportamenti ed il nostro stile di vita.

L'infelice verità è che quando decidi di perseguire grandi scopi, molte delle persone intorno a te non ti supportano perché la gente si limita a vedere quello che sei oggi, non la persona che vuoi diventare.

Così, appena decidi di andare fuori dagli schemi, di metterti in gioco, di riappropriarti della tua vita (e non quella che gli altri vorrebbero per te), che è finalmente arrivato il tuo momento, tutto l'universo che ti gravita attorno, invece di avallare le tue scelte, ti volta le spalle, tende ad ostacolarti e fa di tutto per tirarti giù.

Se ti è già successo, non preoccuparti, non è colpa tua. È il sistema che funziona così. Purtroppo, fin da quando siamo bambini ci dicono costantemente che dobbiamo volare basso, che non dobbiamo sognare troppo e che dobbiamo rimanere con i piedi per terra, altrimenti ci faremo male perché la vita non perdona. Ma non è affatto così… Chi tenta di uccidere i nostri sogni lo fa semplicemente perché per primo ha smesso di credere nei suoi. Non lo fa per egoismo, ma per sfiducia verso sé stesso, per pessimismo e per paura.

Quando decisi di riconquistare la mia libertà uscendo fuori dagli schemi me ne dissero di tutti i colori. Mi ripetevano ogni giorno che ero sprecato, che stavo perdendo tempo, un illuso che si era messo in testa di arricchirsi, che dovevo continuare a fare l'avvocato perché solo questo mi avrebbe garantito un futuro.

Ricordo perfettamente il momento in cui iniziai ad avvertire le prime prese in giro per quello che facevo. Avevo da poco iniziato a scrivere e a pubblicare qualche post sulla mia pagina Facebook sul valore della libertà e del tempo. Alcuni amici, con i quali ero cresciuto, mi ridevano dietro le spalle, molti non vollero nemmeno ascoltarmi, altri addirittura mi bloccarono sui social perché preferivano non leggere più i miei post o vedere video o foto.

Mi sentivo un appestato, le persone mi evitavano, alcune non mi rispondevano neanche più al telefono. Ci stavo male, molto male, malissimo. Proprio non capivo, non riuscivo a trovare risposta alcuna, solo tanta frustrazione… Ricordo che un giorno arrivai a chiedermi se per caso, non ero io a sbagliare e loro ad avere ragione.

Fortunatamente non ascoltai nessuno, ormai il dado era tratto. Decisi che più venivo deriso da coloro che ritenevo "amici", più avrei proseguito per la mia strada. Presi consapevolezza che questo era **il prezzo da pagare!**

Così, più andavo avanti più quelle voci, quelle risate e quegli scherni diventavano sempre più flebili, fino a che mi resi conto di aver creato uno scudo protettivo, un'armatura figurata capace di farmi scivolare tutto addosso.

Inizialmente non mi considerava nessuno, neanche i pochi amici rimasti. Non ero affatto un esperto, ma avevo talmente tanta voglia di aiutare le persone e migliorare la mia vita che niente e nessuno avrebbe potuto fermarmi. E così, iniziarono ad arrivare i primi risultati.

Ti ho voluto raccontare questo episodio della mia vita per farti rendere conto che essere derisi ed isolati quando si sta cambiando è del tutto normale.

Risulta vitale non frequentare persone negative, che si piangono addosso, che non credono ci sia speranza, che non hanno mai provato ad avere successo. Tanto non importa ciò che dirai loro, ruberanno comunque le tue energie, ti tireranno giù come se avessi una zavorra attaccata alle gambe, finiranno sempre per sminuire la tua persona ed i tuoi progetti perché è la loro natura.

Le persone mediocri sono narcisiste ed egocentriche, quando parli loro di un'idea non ti credono, mancano della disciplina necessaria per avviare qualsiasi tipo di progetto o fare un cambiamento duraturo e drastico nella loro vita per migliorarla.

Hai mai fatto caso che alle persone negative va sempre tutto storto? Ti sei mai chiesto il perché? Non sono gli astri o il fato, è semplicemente il loro modo di pensare: **negatività porta negatività.**

Se stai con persone negative i tuoi *output* saranno automaticamente negativi. Purtroppo, non è stata ancora approvata una legge universale che ci protegga dall'ignoranza della gente che avvelena la mente altrui.

> *"Non lasciate che il rumore delle voci degli altri zittisca la vostra voce interiore"* S. Jobs

Le persone negative non puntano all'eccellenza, riescono ad immaginare solo mediocrità. Esse non sono invidiose di personaggi famosi perché vedono costoro troppo distanti, li considerano ad un livello superiore rispetto le loro possibilità e quindi inarrivabili.

Il paragone lo faranno sempre con te che sei partito dal loro stesso piano, proveranno ad ostacolarti in ogni modo, ti osserveranno perché sperano di non vederti avere successo in quanto questo le ferisce nell'orgoglio. Ogni volta che vorrai fare qualcosa di grande, ogni volta che inizierai un progetto, ti giudicheranno, parleranno inutilmente senza conoscere perché non possono accettare che ti distingua tra la massa e che non ragioni come loro, non vedono l'ora di vederti fallire perché godono dei fallimenti altrui.

Se ti elevi il loro ego viene ferito, non possono permetterselo. Se qualcuno si è guadagnato qualcosa, deve esserci per forza un malinteso, una truffa, qualcosa che non va. Vedrai che anche allora, faranno di tutto per sminuire il tuo successo o troveranno una scusa per giustificare il loro fallimento. Sentirai ripetere frasi di questo tipo: *"eh ma è stato fortunato"*, *"sì ma è sceso a compromessi"*, *"certo, aveva la famiglia alle spalle"* ecc...

Non permettere che le piccole menti ti convincano che i tuoi sogni sono troppo grandi, concentrati su quello che vuoi senza badare al pensiero altrui. Steve Jobs, Elon Musk, Amacho Ortega, Hanry Ford, Thomas Edison, Cristoforo

Colombo, Galileo Galilei e tantissimi altri ancora, se ne sono fregati altamente di quello che pensavano gli altri. Erano sicuri dei loro obiettivi e non si sono lasciati frenare da chi non ci credeva quanto loro. Hanno deciso di tapparsi le orecchie quando l'universo gli andava contro, quando tutti ripetevano *"non ce la farai", "è impossibile"*.

Certamente c'era anche in loro la paura di non riuscire ed il calcolo delle probabilità era del tutto avverso, ma hanno comunque ritenuto ragionevole ciò che agli occhi del mondo non pareva altrettanto sensato: sentivano dentro di loro di potercela fare e questa era l'unica certezza di cui avevano veramente bisogno.

> *"Quando perseguite la grandezza, voi rappresentate il coraggio che altri non hanno."* J. Ray

Non possiamo cambiare il carattere delle persone intorno a noi ma possiamo decidere quali persone frequentare. Se le persone che ti stanno accanto non condividono i tuoi obiettivi, non lasciare che la limitatezza delle loro vedute vada a minare i tuoi progetti. Hai una mente che funziona molto meglio di quello che gli altri possano pensare, usala per prendere decisioni che spettano solo a te. **È assolutamente imperativo circondarsi di persone con la stessa mentalità, che hanno la stessa visione e che stanno andando nella tua stessa direzione.**

Pertanto, se i tuoi amici hanno già raggiunto la libertà, sono persone incoraggianti, hanno realizzato degli obiettivi ambiziosi, ottimo... continua a parlare e a confrontarti con loro. Se, invece, non lo sono o cambi amici oppure impari a non ascoltare quando cercano di tirarti giù o darti dei consigli.

Devi riuscire a farti scivolare tutto addosso, a costruire una barriera immunitaria dentro di te, bisogna diventare cintura nera di autostima. Attenzione: non di arroganza! Autostima non significa sentirsi superiori agli altri bensì considerarsi all'altezza della situazione o comunque motivati ad esserlo perché si è consci delle proprie potenzialità.

> *"Se non ti piace dove sei, cambia! Non sei un albero..."* J.Rohn

E se a trattenerti indietro fossero il tuo partner o la tua famiglia, come d'altronde accade nella maggior parte delle circostanze? In questo caso l'unica soluzione è quella di dar loro ancora più amore rispetto a quello che hai dato fino ad oggi, prendersi maggiormente cura di loro, ma in modo categorico, distaccarsi emotivamente da tutto ciò che ti dicono. Lo fanno certamente per il tuo bene, vorrebbero il meglio, ma nessuno conosce i tuoi sogni ed i tuoi piani meglio di te.

Questo però è un particolare che richiede uno sforzo enorme, rappresenta una **"sfida nella sfida"** perché quando stiamo cambiando siamo fragili, da un lato sentiamo l'entusiasmo, dall'altro, abbiamo anche tanti, tantissimi dubbi e rischiamo di vacillare ad ogni soffio di vento perché siamo abituati a consultarci con le persone che ci vogliono bene anche quando avremmo bisogno di un parere esterno da parte di qualcuno che ha già realizzato i nostri stessi obiettivi.

> *"Chi dice che è impossibile non dovrebbe disturbare chi ce la sta facendo"* A. Einstein

Confrontati sempre con persone che condividono il tuo modo di pensare e gli stessi desideri e progetti, persone incoraggianti ovvero quelle che ti aiutano a superare i tuoi limiti e le tue paure, che non attribuiscono colpe agli altri o a fattori esterni, ma che si assumono sempre la responsabilità della loro vita e delle loro scelte.

Il successo lascia traccia, è sempre la migliore risposta che tu possa dare. Fai parlare i fatti, sbatti in faccia i risultati a chi ti diceva che era impossibile. I risultati azzerano tutto, zittiscono i mediocri. La matematica non può imbrogliare. A carte scoperte si fa presto a capire chi ha ragione.

In questo modo verranno distrutte le loro scuse per rimanere in una vita irrealizzata ed insoddisfacente, saranno logorati dall'invidia, non potranno più raccontare a sé stessi e ad altri le loro "belle storie" sul perché non hanno avuto successo.

Preoccupati soltanto di essere "pulito", non tradire i tuoi principi e non rinnegare i tuoi valori altrimenti il fine non potrà mai giustificare i mezzi. Sii tenace, audace e coraggioso. Ad un tratto, vedrai arrivare i primi risultati, soprattutto ti accorgerai di non essere più solo. Noterai intorno a te occhi pieni di luce, la stessa luce che fa brillare i tuoi.

CAPITOLO 6

GOAL SETTING

**"Fissare degli obiettivi è il primo passo
per trasformare l'invisibile nel visibile"**

A. Robbins

GOAL SETTING

Una delle principali caratteristiche che distingue le persone di successo è quella di avere obiettivi ben scelti e idoneamente espressi, sanno esattamente quello che vogliono e sono focalizzate nel raggiungerli, giorno dopo giorno.

Senza obiettivi è come se la vita ci scorresse addosso. Come fai ad essere economicamente libero se non hai un progetto? Se non hai fissato degli obiettivi, come fai a sapere se li raggiungi? Ti sei mai chiesto perché le persone non ottengono i risultati che pianificano all'inizio di ogni anno?

Proprio per rispondere a queste domande, ho deciso di dedicare un intero capitolo sull'importanza che ricopre la pianificazione degli obiettivi. Sarebbe, infatti, inutile parlare di come si conquista la libertà finanziaria, analizzare nello specifico tutte le diverse modalità di creazione delle entrate automatiche senza prima capire quanto sia indispensabile per l'essere umano avere degli obiettivi. Questi, infatti, costituiscono la fonte principale di motivazione e più sono sentiti come importanti, più le persone sono disposte a fare di tutto per cercare di raggiungerli.

Avere degli obiettivi ti permette di tenere sempre fisso in mente dove vuoi arrivare. Eppure solo pochi hanno obiettivi scritti, ben definiti e ci lavorano ogni giorno. Purtroppo, la maggior parte delle persone si perde sempre in un bicchier d'acqua, si lamenta dei problemi senza cercare realmente soluzioni, non ha chiaro cosa vuole, al limite che cosa non vuole.

Tante persone mi chiedono consigli su come sviluppare al meglio i loro progetti finanziari. Io lo faccio volentieri, d'altronde vengo pur sempre dal mondo della consulenza e poi mi entusiasma dare una mano agli altri. Il problema però è che quando chiedo di farmi vedere la lista dei loro obiettivi, quello che mi sento puntualmente ripetere è: *"io non ho una lista né tantomeno un piano. Dimmi solo dove investire questi soldi perché voglio mollare il mio posto di lavoro"*.

Ecco, questo non è un obiettivo ma semplicemente un desiderio. Avere un piano, definire esattamente un obiettivo finanziario o meno, è fondamentale per raggiungerlo e trasformare i tuoi desideri in realtà.

All'inizio non è facile, anche io per molti anni non ho mai avuto una lista degli obiettivi. Forte della mia autostima, mi limitavo a tenere tutto a mente. Ricordo alla perfezione la meticolosità con cui settavo i miei obiettivi, ma ricordo altresì la frustrazione che provavo a fine anno nel vedere che i miei risultati erano del tutto modesti rispetto a quelli che avevo preventivato all'inizio.

Ogni volta, constatavo che non era cambiato nulla nella mia vita. Pensavo che la fortuna non era dalla mia parte, di non avere la predisposizione per raggiungere i successi che desideravo. Di conseguenza, ogni anno diventava sempre più difficile pianificarne di nuovi. Volevo dannatamente migliorare la mia situazione precaria in cui non avevo specializzazioni e nemmeno idee, mi vedevo sempre piccolo di fronte ad un mondo più grande di me che non riuscivo a comprendere. Non conoscevo le regole ed i miei risultati deludenti ne erano la conferma.

Non capivo bene il motivo di questa reazione, sicuramente pensare a quelle cose non mi faceva sentire a mio agio e ogni volta che provavo addormentarmi la sera, poggiando la testa sul cuscino, avvertivo sempre la stessa sensazione: paura.

Decisi, pertanto, che era arrivato il momento di cambiare registro. Con molta umiltà, iniziai ad ascoltare i consigli di persone che avevano più esperienza di me e, soprattutto, incominciai a mettere nero su bianco i miei obiettivi, sia quelli a breve che a lungo termine.

E sai cosa è accaduto? Improvvisamente, i miei obiettivi diventarono il mio navigatore GPS e, come per magia, iniziarono ad arrivare anche i primi risultati. Capii l'importanza dello stilare una lista di obiettivi ben precisi così, da quel momento, cominciai a studiare alacremente, leggere, informarmi sulla capacità di *goal setting* che fa parte tuttora della mia vita in qualsiasi ambito.

Proprio per le ragioni che ti ho appena accennato voglio aiutarti non solo a definire, ma anche a raggiungere tutti gli obiettivi che ti prefissi ogni volta, utilizzando la stessa strategia di *goal setting* che per me è stata fondamentale. Un modello che si basa su una serie di attività finalizzate ad individuare obiettivi motivanti e potenzianti per raggiungere il successo in qualsiasi contesto.

Questa strategia consiste nell'applicazione del cosiddetto metodo **SMART** ossia un modello secondo il quale gli obiettivi, per essere efficaci e per motivarci, devono avere determinate caratteristiche altrimenti si chiamano desideri e questi meglio lasciarli alle favole della Disney.

Le caratteristiche che deve avere un obiettivo secondo il modello **SMART** sono le seguenti:

- **Specific** (Specifico): Gli obiettivi non devono essere generali ma specifici, espressi in modo dettagliato il più possibile. Tante persone definiscono i propri obiettivi in modo generico, senza comprendere che è proprio questo ad impedire loro di raggiungere il risultato. Per capire se abbiamo raggiunto o meno un obiettivo, infatti, è importante che esso non sia troppo generico (ad esempio *"voglio cambiare lavoro"*) ma quanto più chiaro possibile (*"voglio fare impresa nel mondo dell'high-tech e guadagnare un milione di euro entro i primi 3 anni"*).

- **Measurable** (Misurabile): Deve essere misurabile attraverso un numero. Più un obiettivo è misurabile dal punto di vista numerico, più è facile poter capire se, dopo un'azione o in un determinato arco di tempo, si è raggiunto o meno l'obiettivo prefissato. Inoltre, è fondamentale che l'obiettivo venga espresso in termini positivi: *"non voglio più lavorare in quell'ufficio"* non è un obiettivo; *"voglio guadagnare 10.000 euro al mese con il trading"* è un obiettivo.

- **Attainable** (Accessibile): purtroppo questo è un tasto dolente per molti e, non ti nego, che lo è stato anche per me per tanto tempo. Per essere efficace è fondamentale che un obiettivo sia accessibile, cioè deve essere credibile ai tuoi occhi e visualizzabile, deve essere raggiungibile. Se oggi guadagni 1.400 euro al mese e ti poni come obiettivo di guadagnare un milione di euro entro un anno, non dico che è impossibile, ma capsici bene che la tua mente non è ancora programmata per fare un salto così tanto grande. È più credibile porsi come obiettivo di iniziare a guadagnare il doppio di quello che guadagni oggi entro i primi sei mesi, possibilmente rendite derivanti da entrate automatiche. Fissarsi un obiettivo impossibile da realizzare, infatti può portare malumore, perdita di auto-efficacia e frustrazione. Resta inteso che ogni obiettivo perseguito non deve essere in contrasto con i tuoi valori perché, altrimenti, non potrà mai essere immaginabile nella tua mente.

- **Relevant** (Rilevante): l'obiettivo deve essere importante e sfidante. Pensi che guadagnare 100 euro in più al mese ti dia la motivazione sufficiente per uscire dalla tua zona di comfort? Con un obiettivo troppo facile da raggiungere o uno non troppo considerevole è facile che ci sia una perdita di motivazione e un abbassamento del livello di attenzione e concentrazione. Molto spesso, infatti, accade che un individuo o un gruppo di persone abbiano un obiettivo da raggiungere in mente, ma che questo sia poco efficace per mantenere alta la motivazione. Se l'obiettivo è poco ambizioso lascerai perdere facilmente. Devi quindi focalizzare le tue energie in qualcosa che vuoi davvero sia impegnativo a sufficienza così da essere orgoglioso una volta che lo avrai portato a termine. Se non hai delle ragioni sufficientemente importanti non otterrai mai i risultati desiderati. L'ostacolo a volte più importante è quello di rimanere motivati abbastanza da rimanere costanti. Soltanto con grandi sogni avviamo la necessaria forza motrice che ci spinge ad eseguire delle azioni quotidiane volte a superare i nostri limiti e le nostre paure.

- **Time-Bounded** (Legato al tempo): Una caratteristica fondamentale per un obiettivo efficace è la variabile tempo; Gli obiettivi non sono tali se non hanno delle scadenze, devono essere "agendabili". È importante, infatti, chiarire molto bene le tempistiche in cui si intende raggiungere questi obiettivi. Se l'obiettivo ha una scadenza a lungo termine (per esempio, per uno sportivo le Olimpiadi sono ogni 4 anni), è importante definire anche gli obiettivi a medio e a breve termine cioè obiettivi con tempistiche più vicine che sono da considerare come tappe per poter raggiungere l'obiettivo più importante. I primi sono inscindibili dai secondi. Ciò comporta che ogni obiettivo sia suddivisibile in tanti sottobiettivi intermedi. Un obiettivo grande si raggiunge, infatti, tagliando un traguardo alla volta ed ogni traguardo raggiunto sarà per te una nuova conquista che ti darà energia e ti avvicinerà sempre di più al tuo sogno. Pertanto, dai sempre una scadenza a ciascun goal ed impara a focalizzare i tuoi sforzi su un obiettivo per volta.

Se seguirai sempre il modello SMART, ti assicuro che riuscirai a realizzare ogni cosa che desideri. Lo so che magari ancora non gli dai molta importanza, è normale.

Come ti ho già detto, anche io per tanto tempo pensavo di avere degli obiettivi che puntualmente non raggiungevo perché non solo non li scrivevo, ma non seguivo neanche uno schema chiaro come quello che ti ho poc'anzi evidenziato.

Tuttavia, è importante specificare che **gli obiettivi possono sempre essere rinegoziabili**. Può succedere, infatti, che ad un certo punto ti accorga di non essere in grado di raggiungere l'obiettivo per fattori esterni (ad esempio, nuova legge che comporta un cambio di strategia aziendale, un contratto che salta all'ultimo momento per una causa di forza maggiore) o interni (un infortunio, una nuova opportunità del mercato da cogliere al volo). È davvero rarissimo che un progetto pianificato su carta non incontri, trasportato nella realtà, qualche inconveniente o qualche imprevisto.

Correggi pertanto la rotta, cambia strategia se è necessario, ma rimani sempre in direzione dell'obiettivo. Ricorda che lasciare gli obiettivi in sospeso è una delle maggiori cause di stress, ansia ed infelicità.

> *"Non esiste vento favorevole per il marinaio che non sa dove andare"* L.A. Seneca

Ci sono tante ragioni per cui la maggior parte delle persone non fissa degli obiettivi: perché non si capisce la loro importanza, perché non si sa come definirli, perché si ha paura del fallimento, perché si ha paura del rifiuto, perché si ha paura di essere ridicolizzati e criticati, paura di non essere all'altezza e di non riuscirci per svariati motivi come l'incertezza nell'azione, l'insicurezza o il timore di perdere dei soldi. Il motivo principale è perché **bisogna fare i conti con le proprie paure.**

Esistono tuttavia due tipi di paure: quella **reale** e quella **immaginaria**. Per la maggior parte delle volte a bloccarci e ad impedirci di realizzare noi stessi sono le paure immaginarie che con la realtà hanno poco a che fare. Immagino ti sarà capitato di vedere un film horror che ti ha fatto sudare freddo o che non ti ha fatto dormire la notte... Eppure si trattava solo di un film, una finzione...

Questo per farti notare che la nostra mente non distingue il reale dall'immaginario e noi non possiamo star male per cose che non esistono. Se esiti quando ti si presenta un'opportunità, probabilmente è perché hai paura di fallire. Spesso le persone sono incoerenti, dicono di volere delle cose ma poi continuano a fare sempre le stesse azioni solo perché non hanno il coraggio di affrontare le loro paure. La paura annulla la forza di volontà, affievolisce la tenacia, distrugge le ambizioni, attira i fallimenti, ci paralizza rendendoci incapaci di muoverci o di reagire, si impossessa della mente, la controlla totalmente, impedisce di fare scelte che razionalmente andrebbero fatte.

Lo so bene perché non mi chiamo Superman, Batman o Capitan America, neanche io sono immune alla paura... Ti confesso che ho dovuto lottare contro tutti, soprattutto contro me stesso per sconfiggere quella vocina interiore che mi ripeteva ogni sera prima di andare a dormire "non ce la farai mai perché tu rimandi sempre le cose, sei poco costante, finisci sempre per accontentarti, meglio che continui ad inviare il curriculum perché almeno hai la sicurezza di arrivare a fine mese...". Questa vocina creava sempre dei dubbi che interferivano sempre.

Poi ho imparato che tutti abbiamo paura: abbiamo paura del cambiamento, paura delle novità, di misurarci con qualcosa che non abbiamo mai fatto, di non ottenere risultati sperati.

Tutte quello che per noi è realmente importante ci fa paura... pensa ad esempio ad un atleta che sta per iniziare la gara per la quale si allena da tempo, allo studente che deve superare l'esame più difficile del suo corso, al neolaureato che deve sostenere il colloquio per il lavoro dei suoi sogni, al padre che aspetta fuori la sala parto la nascita del suo primo genito...

Ma non c'è assolutamente niente di male ad avere paura. **La paura è solo una creazione della nostra mente.**

> *"È normale che esista la paura, in ogni uomo, l'importante è che sia accompagnata dal coraggio. Non bisogna lasciarsi sopraffare dalla paura, altrimenti diventa un ostacolo che impedisce di andare avanti"* P. Borsellino

Il problema non è tanto avere paura quanto **saper controllare la paura stessa che, se ben gestita, si può trasformare dal nostro peggior nemico al un nostro miglior alleato** perché mette in moto una grande energia, adrenalina che può diventare determinazione, grinta, ci permette di gestire i rischi in modo approfondito, studiare ogni possibile alternativa e prevenire gli errori.

Il punto, dunque, non è agire quando non si avrà più paura perché ce l'avremo sempre bensì riuscire ad agire nonostante la paura. Se non riesci a superare questo ostacolo, ti abituerai a procrastinare e tutti i tuoi obiettivi diverranno vuote promesse destinate a non essere mai mantenute.

Via dunque tutte le paure immaginarie, via i giudizi ed i timori altrui che ti risuonano continuamente nella testa. La principale conseguenza sarà quella di abituarti poco per volta a non fermarti davanti agli impedimenti che incontrerai nel tuo percorso, a non rendere impossibile ciò che è fattibile, a comunicare alla tua mente che non hai paura di cambiare, di sperimentare di agire. E sviluppare questa mentalità non potrà che garantirti risultati certi in futuro.

> *"Decidete che una cosa si può e si deve fare e troverete il modo"* A. Lincoln

Spesso sappiamo quello che dovremmo fare, ma non abbiamo sufficienti ragioni che ci entusiasmino, dei "perché" tanto importanti da predisporci a fare qualsiasi cosa necessaria per ottenere ciò che vogliamo veramente. Devi sviluppare un desiderio intenso per gli obiettivi che vuoi raggiungere, solo così potrai trovare l'energia necessaria per superare qualsiasi ostacolo fino alla meta finale.

Come è solito ripetere Anthony Robbins *"quando il 'perché' è forte, il 'come' non è mai un problema"*. Non esistono ostacoli quando vi è una grande motivazione. È fondamentale che tu abbia una buona ragione, forte e profonda, altrimenti non riuscirai a sconfiggere tutte le abitudini che, fino a oggi, ti hanno impedito di essere libero finanziariamente.

Pertanto, prima di fissarti un obiettivo, poniti sempre questa domanda: *"cosa mi rende davvero felice?"*. Aspetta, non rispondere nella tua mente, ma scrivilo.

Immagina per un attimo che tempo e soldi non siano un limite. Che cosa potresti avere nella tua vita? Come potrebbe essere la casa dei tuoi sogni? Che macchina vorresti guidare? Che persona vorresti diventare? Stai facendo davvero ciò che ti piace fare? Quanto sei disposto a metterti in discussione? Qual è la ragione autentica per la quale vuoi raggiungere questo obiettivo? Lo fai perché vuoi vincere? Per la tua famiglia? Per poter condividere quanto hai imparato e/o guadagnato?

Devi imparare solamente a fissare dentro di te tutto ciò che ti rende felice. A tal fine, ti esorto a prendere carta e penna (nel caso in cui tu non l'abbia ancora fatto) e scrivere tutto ciò che ti fa stare bene: famiglia, amici, esperienze, figli, viaggi, libertà di dire e fare quello che vuoi, lo sport, le relazioni, la comunità, un'automobile, una barca, pizza e birra, ristoranti, *hobbies*, una casa, abbastanza soldi per non doverti preoccupare…

Questi sono solo esempi generici, la tua lista dovrà essere molto più concreta e dettagliata. Scava in profondità perché, anche se ora può apparirti strano, è proprio da questo che puoi creare molti validi obiettivi.

Ti ho già detto quanto sia importante mettere tutto nero su bianco. Scrivere, memorizzare, ripetere, permette alle parole di raggiungere il tuo subconscio. Ecco perché, ogni volta che si impostano degli obiettivi, bisogna assicurarsi di scriverli altrimenti non possono considerarsi tali. Scrivendoli è come se facessi una promessa a te stesso.

Se decidi di continuare a leggere senza aver scritto

nulla non posso certo impedirtelo ma sappi che questo è proprio quello che farebbero coloro che non ottengono mai risultati. Ti rinnovo quindi l'invito: fermati, prendi carta e penna e scrivi tutto quello che ti rende felice. Non avere fretta, fai questa lista, rileggila più volte, modificala se necessario, fatti tutti i conti che vuoi.

Una volta scritta la lista, valuta bene di quanti soldi avresti bisogno mensilmente per fare o ottenere ciò che ti rende felice. Ecco, adesso che hai quella cifra non solo hai un obiettivo da raggiungere, ma sai anche cosa faresti esattamente con quei soldi. Questo valore ti serve solo ad aver chiaro che le prime cose su cui devi concentrarti non sono trovare l'investimento che ti cambia la vita in tre mesi (anche perché non esiste...), ma anzitutto:

- come guadagnare di più (anche se sei un dipendente);
- come gestire correttamente il denaro per risparmiarne di più per poi investire;
- come diventare finanziariamente intelligente;

Dalla tua lista potrebbe venir fuori un valore che potresti considerare molto alto, in grado di scoraggiarti, spaventarti o preoccuparti. Questo è esattamente uno dei motivi per il quale spesso molte persone, di fronte a queste cifre, mollano il colpo. Mettiti in testa che quel valore, qualunque esso sia, è irraggiungibile solo se tu lo riterrai tale.

Una volta trovata la giusta opportunità e presa la decisione positiva di metterti in gioco, dovrai concentrare tutti i tuoi sforzi nel modo giusto. A cosa serve iniziare nuove attività se poi non se ne porta avanti fino in fondo nessuna?

Ricorda che **non ti serve a nulla diventare un esperto sulla teoria.** Potrai leggere tutti libri che vuoi, fare tutti i corsi di formazione possibili relativi al tuo settore, ma niente potrà mai sostituire l'azione, nessuna conoscenza tecnica o preparazione psicologica potrà far vincere un atleta che non scende nel campo di gara. È necessario focalizzarti su ciò che desideri veramente.

Robert Kiyosaki – imprenditore statunitense nonché uno dei principali esponenti al mondo nel campo dell'educazione finanziaria – è solito definire il focus con il seguente acronimo:

F = follow

O = one

C = course

U = until

S = succesfull

"Segui una rotta fino a quando non avrai ottenuto successo"

Il focus non è altro che il punto dove poniamo l'attenzione ed inevitabilmente qualsiasi cosa su cui ci focalizziamo diventa la nostra realtà.

Ammetto che la mancanza di focus è sempre stata uno dei miei grandi limiti. Puntualmente, ogni qualvolta mi prefissavo un obiettivo a lungo termine, durante il percorso smarrivo il focus necessario per tenere alta la motivazione, mi distraevo facilmente, mi facevo trascinare da attività improduttive o da situazione esterne che mi allontanavano, giorno dopo giorno, dal risultato che volevo raggiungere.

Ero consapevole di questa mia grande pecca, ci stavo male perché pensavo che non sarei riuscito ad ottenere mai nulla di veramente importante. Almeno fino a quando non ho capito che questo mio limite dipendeva soltanto da me, altro non era che un pensiero negativo che mi privava di energia. Dovevo essere più forte, dovevo migliorare questo aspetto e dimostrare agli altri − soprattutto a me stesso − che i limiti esistono soltanto nella mente.

Il punto di svolta fu quello di spostare il mio focus verso ciò che mi piaceva fare realmente. Così tutto divenne improvvisamente più semplice; gli obiettivi (di qualunque natura) sembravano ad un tratto molto più facili da raggiungere.

Questo perché quando sei focalizzato vedi le cose più chiaramente. Il nostro cervello si attiva alla ricerca di opportunità. Siccome può gestire un numero limitato di informazioni per volta, esclude tutto ciò che non ha che fare con l'obiettivo e coglie, invece, tutto ciò che ne è inerente. Hai mai fatto caso che quando decidi di acquistare qualcosa, che sia un paio di scarpe, un telefono, una moto, inizi a vederla ovunque? Ecco, lo stesso vale anche per i tuoi obiettivi. Il tuo subconscio ti indirizzerà a cercare informazioni e soluzioni che ti aiuteranno a raggiungere il tuo scopo.

> *"Non pretendere di fare tutto, ma decidi ciò che vuoi e concentrati su quello! Devi saper scegliere, concentrarti sulle priorità"* R. Re

Tuttavia, accade spesso che quando non riusciamo a cogliere un obiettivo oppure, più in generale, la nostra prestazione non è stata all'altezza delle attese, siamo portati ad accampare scuse, a cercare giustificazioni che attribuiscano l'insuccesso a forze o situazioni fuori dal nostro controllo.

In questo modo il "non è colpa mia" diventa un mezzo per lasciare intatta l'autostima e precludere la strada ad ogni analisi che ci permetta di migliorare in futuro.

Al riguardo, ne approfitto per fare un cenno alla famosa **"Teoria degli alibi"** di Julio Velasco, celebre allenatore e dirigente sportivo argentino noto per aver vinto i mondiali, *world leauge* ed europei con la nazionale italiana maschile di pallavolo nei primi anni novanta, conosciuta anche come la "generazione di fenomeni".

Secondo Velasco, uno dei problemi che doveva puntualmente risolvere in ogni squadra allenata, era quello dell'attaccante, il quale, quando sbagliava o schiacciava fuori dal campo, scaricava la colpa all'alzatore asserendo che la palla non gli era stata servita bene.

Di conseguenza, anche il palleggiatore esonerava sé stesso da ogni responsabilità, attribuendo l'errore al ricevitore che non gli aveva trasmesso la palla in alto e centrale. Senza una corretta ricezione, non poteva essere preciso e trasmettere correttamente la palla allo schiacciatore.

A quel punto – continua Velasco – i ricevitori si giravano dietro per cercare a chi scaricare la colpa, solo che questi ultimi non potevano dire all'avversario: *"Batti la palla facile così io ricevo bene!"*. Tale attitudine mentale comportava che nessuno si prendeva la responsabilità di ciò

103

che aveva fatto e di ciò che poteva migliorare. Scaricare la colpa sugli altri, infatti, in qualunque settore, causa cristallizzazione, provoca il mancato raggiungimento degli obiettivi oltre a stress e frustrazione.

Allora la nuova regola che ha dato il *coach* argentino è stata la seguente: *"Gli schiacciatori non parlano dell'alzata in nessun modo, la risolvono. Voglio schiacciatori che schiacciano bene i palloni alzati male. Gli schiacciatori che schiacciano bene i palloni alzati male, schiacceranno benissimo i palloni alzati bene.* **Quindi inutile parlare e trovare alibi, risolviamo!".**

Pertanto, non soffermarti mai sul problema ma solo sulla soluzione perché sarai costantemente alla ricerca di trovare un sistema per aggirare l'ostacolo e superarlo. Se riesci ad essere al meglio anche nelle circostanze difficili allora, quando le condizioni saranno favorevoli, sarai semplicemente inarrestabile. Se ti soffermi sulle difficoltà, invece, ti ridurrai a parlare sempre di come sono state create, di chi è stata la colpa, chi te li ha causate. Se sei focalizzato, penserai sempre a come raggiungere il tuo obiettivo, le risposte potrebbero non arrivare subito, ma se continui a focalizzarti incomincerai ad individuare opportunità che prima neanche prendevi neanche in considerazione.

> *"Il mondo non si divide tra vincenti e perdenti ma tra brave e cattive persone. Poi tra le cattive persone ci sono anche dei vincenti e, purtroppo, tra le brave persone ci sono anche dei perdenti"* J. Velasco

Infine, ricorda che rimandare non è mai una buona soluzione ai problemi quanto piuttosto un rifugio illusorio per chi ha paura. Se la cosa che desideri è giusta e ci credi davvero, procedi senza sosta. É facile fare una cosa fuori dagli schemi soltanto per un giorno, più difficile allenare la mente a farla per anni.

Ho imparato che **una persona motivata farà risultati per una settimana, un professionista li farà per sempre.** Lascia allora che i tuoi pensieri corrispondano ai tuoi obiettivi e se i tuoi obiettivi sono troppo piccoli inizia sin da subito a lavorare sui tuoi pensieri.

CAPITOLO 7

SYSTEMS

"Il miglior investimento che tu possa
fare è sempre su te stesso"

W. Buffet

SYSTEMS

Nelle pagine precedenti ti ho dato un'idea generale su come sviluppare il corretto atteggiamento mentale per ottenere la libertà finanziaria. Abbiamo visto che senza un *mindest* adeguato, senza una cerchia di persone e/o collaboratori che condividano insieme a te gli stessi progetti, senza il corretto settaggio degli obiettivi, raggiungere la libertà finanziaria è praticamente un'utopia.

Di seguito, invece, andremo ad analizzare più da vicino tutti i **"sistemi"** grazie ai quali è possibile creare delle rendite passive e raggiungere l'indipendenza economica. Li approfondiremo singolarmente, in modo obiettivo, vagliando i *pro* e i *contro* che attengono a ciascuno di essi.

Come è stato già asserito, per rendite passive si intendono tutte quelle **fonti di reddito automatiche che sono in grado di sostenere il proprio tenore di vita senza necessità di dover più avere un'entrata derivante dalla propria attività lavorativa o professionale**. Se, tuttavia, stai pensando che le entrate automatiche spuntino come funghi dopo un'intensa giornata di pioggia e che i soldi cadano dal cielo, ti garantisco che sei fuori strada. Creare fonti (e flussi) di reddito passivo è il risultato di un impegno attivo. È necessario lavorare inizialmente, dopo si potrà godere dei risultati.

Occorre evidenziare che, sebbene alcune forme di entrate automatiche siano più solide di altre, **l'elemento di rischio è comunque presente**. Ogni forma di reddito è sempre contraddistinta da una percentuale superiore allo zero di possibilità che qualcosa possa distruggerla. Questo è uno dei tanti motivi per cui è sempre conveniente creare fonti di reddito passivo diversificate, riducendo così il rischio che vengano a mancare tutte contemporaneamente.

Spero tu voglia scusarmi se non specificherò le attività di cui mi occupo prevalentemente oggi. Non ti nego che vorrei tanto dirti cosa faccio nel quotidiano, mi piacerebbe raccontarti qualche aneddoto particolare realmente vissuto, desidererei rivelarti quanti soldi ho guadagnato e tutti quelli che ho perso, ma… sin dal principio, attraverso le pagine di questo libro, il mio scopo è quello che sia tu, senza condizionamento alcuno, a decidere quale strumento utilizzare (almeno all'inizio) per slegare il tuo lavoro da qualsiasi vincolo di orari, aziende e luoghi così da migliorare il tuo benessere, non solo finanziario.

Magari sarà la volta buona in cui potrai farti un'idea più concreta relativamente al sistema a te più affine, a quello che si sposa meglio con le tue competenze, a quello che ritieni più idoneo per cominciare. Se, infatti, non hai ancora entrate automatiche, è giunto il momento di iniziare a pianificarne qualcuna.

7.1 Business tradizionale

Iniziamo con l'attività di business tradizionale. Al

riguardo, specifico sin da subito che se oggi fai il dipendente e non hai in mente di mollare tutto e subito, non possiedi capitale da investire ma soprattutto non hai alcuna idea rivoluzionaria, con molta onestà, ti dico che avviare da zero una nuova impresa, non penso possa rappresentare per te la soluzione migliore per raggiungere la libertà finanziaria.

Fatta questa doverosa promessa, ti dico chiaramente che avere un business proprio è uno dei modi migliori per crearti delle entrate automatiche.

Alcuni imprenditori molto abili, infatti, **attraverso la creazione di un efficace sistema di deleghe**, riescono ad "automatizzare" la propria attività nel senso che, mentre i propri dipendenti lavorano, percepiscono i relativi utili grazie ad un sistema che funziona anche senza la loro presenza. In questo modo, all'interno dell'azienda ognuno ha il suo ruolo specifico e l'imprenditore finisce con l'essere una specie di "direttore d'orchestra".

L'avviamento di un business tradizionale alla cui base vi è una buona idea ed un team di validi professionisti, può regalare importanti gratificazioni economiche. Certo, questo richiede molto impegno all'inizio ma poi apporta benefici incredibili senza fagocitare tutto il tempo. Con visione, duro lavoro e perseveranza si possono dar vita a dei colossi industriali capaci di fatturare centinaia di milioni di euro. Come già specificato, presupposto fondamentale è creare una realtà che funzioni anche senza l'imprenditore, la quale, di conseguenza, si comporterà proprio come un'entrata automatica.

Caratteristica principale dell'azienda che genera rendite passive è quella della **scalabilità**. È "scalabile" un'attività che, dopo la fase iniziale di avviamento, può essere ripetuta facilmente e consente quindi un ampliamento del giro d'affari senza dover replicare la fase iniziale di progettazione e avviamento.

Un classico esempio di business scalabile è il *franchising*[4], ovviamente dal punto di vista dell'azienda madre e non dell'affiliato. Basti pensare alla catena di ristoranti McDonald's o agli *stores* Benetton per capire le potenzialità di questa forma di affiliazione commerciale.

> *"Quello che dovrebbe fare un vero imprenditore è rendersi inutile"* M. Gasparotto

Contrariamente a quello che siamo soliti immaginare, **il posto dell'imprenditore è fuori l'azienda non dentro**, nel senso che deve lavorare non nell'azienda ma per l'azienda. Il business moderno è appunto basato sulle relazioni e per fare impresa oggi è impossibile non averle. L'imprenditore che non ha relazioni o capacità di crearle sarà sempre più tagliato fuori dal mercato. Egli non deve concentrarsi sul prodotto o servizio bensì trovare le risorse (economiche e umane) per garantire l'esecuzione dell'idea imprenditoriale, deve avere delle capacità di marketing, legali, finanziarie, di comunicazione, deve essere un leader, deve saper gestire il personale, avere una visione ed una *mission* ben definita.

Questo non significa certo che deve fare tutto lui, ma avere tali *skills* gli consente di gestire e controllare al meglio

---

[4] Si tratta di un contratto di affiliazione commerciale che ha ad oggetto la collaborazione tra imprenditori per la produzione o distribuzione di servizi e/o beni, indicata per chi vuole avviare una nuova impresa, ma non vuole partire da zero, e preferisce affiliare la propria impresa ad un marchio già affermato.

la propria azienda. L'imprenditore deve assumere persone intelligenti non per dargli ordini, ma per ascoltare da queste cosa fare. Egli non deve adattare la vita al suo business bensì plasmare il business attorno alla sua vita. Se infatti dopo aver avviato un'attività imprenditoriale questa richiederà ancora la sua presenza, allora non è un business, ma un lavoro vero e proprio come tanti altri.

Bisogna, tuttavia, constatare che gli imprenditori che riescono ad automatizzare la propria azienda (industriali a parte) sono casi rari, soprattutto in Italia in quanto spesso, nelle imprese di piccola dimensione, il titolare soffre della c.d. **"sindrome del pizzaiolo"** ovvero quella mania di sviluppare tutti i processi aziendali basandosi esclusivamente sulle proprie capacità, facendo prevalere la logica malsana del *"ci penso io...perché come lo faccio io non lo fa nessuno!"*.

Sono le cosiddette imprese "One Man Company" in cui l'imprenditore si occupa un po' di tutto perché non è capace a delegare, non si fida dei propri dipendenti, non riesce a concepire l'idea che qualcuno possa fare meglio di lui.

In questo modo, naturalmente, nell'ipotesi in cui l'imprenditore si rompa una gamba, abbia una malattia, decida di andare in vacanza o per qualsiasi altro motivo sia costretto ad assentarsi dal suo lavoro, l'azienda finisce gioco-forza per andare allo sbando, con conseguenze spiacevoli per tutti: per il titolare in *primis*, per la sua famiglia ma anche per le persone che ci lavorano. Questo è uno dei motivi per cui, soprattutto negli U.S.A. (recentemente anche in Italia) si sta diffondendo sempre di più la cultura del *side business*. In altri termini, l'imprenditore ha sia un *core business* (business principale), ma anche altri business paralleli che gli consentono di diversificare le proprie fonti di reddito così, se fallisce una delle attività, non rimane certo in mezzo ad una strada. D'altronde, in un momento storico come questo, sarebbe paradossale per un imprenditore non sfruttare tutte le nuove opportunità che offre il mondo economico.

Purtroppo, oggi avviare una qualsiasi attività imprenditoriale o commerciale nel nostro Paese è sempre più complicato in quanto si incontrano una serie di limiti e ostacoli. Andiamo a vedere quali sono i principali:

- **Alto investimento iniziale**: ogni attività necessita di un elevato investimento inziale, non inferiore ai 40.000 euro per le PMI. La maggior parte delle volte il capitale viene richiesto agli Istituti di credito, i quali, impongono (soprattutto in periodi di recessione economica) dei tassi di interesse molto elevati. Se sei bravo, se trovi la chiave di volta nel tuo business e adotti le strategie di marketing a passo con i tempi, riesci ad estinguere il debito nell'arco di 7/10 anni. In caso contrario, come puoi immaginare, il rischio è quello di diventare schiavo a vita delle banche.
- **Burocrazia**: per lo svolgimento di adempimenti burocratici, il titolare di una piccola impresa lavora, in media, 45 giorni l'anno[5]. La burocrazia italiana, come sappiamo, è pesante, complessa, poco utile. È un impegno gravoso perché sottrae del tempo e limita

---

[5] Fonte www.adnkronos.com, articolo del 29.09.2018

innovazione e crescita. Nel processo di automatizzazione, anziché semplificare genera ulteriori incombenze.

- **Alto rischio**: si può dire che l'incertezza domini tutta la vita dell'impresa in ogni sua fase. Il rischio costituisce una componente imprescindibile dell'impresa stessa. Esso è collegato alla possibilità che, durante la conduzione delle attività, si verifichino circostanze spesso non controllabili come ad esempio l'ambiente, il costo del lavoro, i prezzi delle materie prime, la tecnologia, il comportamento degli acquirenti, i competitors, il regime normativo e fiscale, le scelte gestionali, in grado di compromettere l'impresa stessa. A tutto ciò si aggiunge il rischio reputazionale ovvero la possibilità che emergano notizie lesive in grado di danneggiare l'impresa o i titolari della medesima. Rischio che, ovviamente, si aggrava se l'azienda è quotata in borsa.

- **Alti costi di gestione**: ogni azienda ha elevati costi di gestione da sostenere, basti pensare all'ammortamento dell'investimento, le spese di ufficio (telefoni, internet), affitti passivi, materia prima, lavoratori dipendenti, energia elettrica, assicurazioni e molti altri ancora.

- **Fisco**: una volta avviata un'attività, l'imprenditore si ritrova a sua insaputa ad avere un socio di maggioranza: lo Stato. Il Fisco è, infatti, l'area in cui gli imprenditori (soprattutto quelli italiani) si sentono maggiormente vessati a maggior ragione se operano nel settore dei servizi e se hanno pochi dipendenti. A livello nazionale la pressione fiscale per le PMI è giunta addirittura al 61,4%[6] .In una situazione di questo tipo, gli imprenditori sono quasi obbligati ad affidarsi quasi completamente al supporto di una consulenza esterna che va, giocoforza, ad aggravare i costi di gestione.

- **Reddito legato all'attività**: in ogni business tradizionale l'imprenditore ha delle entrate che sono esclusivamente connesse al reddito generato dalla propria attività. Ciò comporta che, in caso di circostanze sfavorevoli come ad esempio congiuntura del mercato, aumento materie prime, nuove imposte fiscali, concorrenza massiva, sviluppo tecnologico, si possa venire a creare una vera e propria "crisi d'impresa".

Quelle che abbiamo appena visto sono le cause principali per cui 9 aziende su 10 falliscono dopo i primi 5 anni[7] anche se non sono le uniche. In sostanza, vero è che con un business tradizionale si possono creare degli imperi economici, ma si può tranquillamente affermare che oggi fare impresa in Italia è davvero... un'impresa.

"Gli imprenditori registrano in media 3.8 fallimenti prima del successo finale. Ciò che distingue quelli che hanno successo è la loro incredibile persistenza" L.M. Amos

Per tutto quanto sopra, con estrema franchezza ti

---

[6] Fonte www.wallstreetitalia.com, articolo del 17.07.2018

[7] Fonte www.corriereinnovazione.corriere.it

consiglio di avviare un business che produca delle entrate automatiche solo se hai maturato il forte, il grandissimo desiderio di possedere un'azienda tutta tua altrimenti meglio provare altre strade che ti conducano verso la libertà finanziaria.

Questo te lo dico perché se sei convinto che per fondare un'impresa sia per forza necessario avere un'idea geniale, fidati, sei proprio fuori strada. **L'idea nel business conta quasi zero, quello che conta è rimboccarsi le maniche e dare esecuzione all'idea**. Per avere una qualche *chance* il tuo business dovrà risolvere un determinato problema che ha il mercato in quel momento o incontrare una necessità inespressa di una nicchia specifica. Se sarai bravo a creare soluzioni concrete per chi ne ha bisogno, a semplificare la vita degli altri con un servizio innovativo, allora stai tranquillo che i tuoi sforzi saranno ricompensati in maniera esponenziale.

Ma avrai comunque bisogno di strumenti, competenze ed esperienza. Dovrai essere pronto ad affrontare rinunce e sacrifici e a lavorare anche di notte, se necessario. Dovrai imparare a diventare un *problem solver*, a selezionare i talenti e renderli fedeli alla tua missione. Per essere all'altezza di questo compito serviranno una buona dose di coraggio e grinta a non finire per non arrenderti di fronte alle tante, tantissime difficoltà che incontrerai nel tuo percorso in quanto se vuoi ottenere risultati importanti non puoi aspirare alle cose facili. La parola chiave per ogni imprenditore, infatti, è "nonostante" in quanto i problemi non sono mai sfighe ma sfide.

Serviranno visione, perseveranza e duro lavoro, ma una volta avviata l'azienda ed automatizzata attraverso la creazione di un efficace sistema di deleghe, nessun'altra cosa potrà farti avere delle fonti di reddito automatiche come un tuo business.

Ricorda però che solo quelli che riescono a vendere un sogno ad altri e a farli sognare a tal punto da dedicarci la vita diventano imprenditori di successo. Osserva, pertanto, chi lo fa, ricerca e stai vicino a queste persone. Solamente un leader che ispira e che fa sognare può sperare di convincere gli altri a seguirlo. Questo non può essere insegnato, ma si può imparare. Non ci sono regole, non ci sono algoritmi, solo convinzione, personalità e tanta passione.

7.2   Brevetti e Diritto d'Autore

Se sei abbastanza intelligente o creativo per realizzare qualcosa di brevettabile, puoi ottenere delle entrate passive derivanti dalle c.d. **"opere di ingegno"**.

Sicuramente questo rappresenta uno dei metodi migliori per monetizzare dalle proprie passioni. Fanno infatti parte di questa categoria:

- i **diritti d'autore** derivanti da libri, canzoni, opere d'arte, fotografie, video e molto altro ancora che tu stesso hai scritto o realizzato;
- le **royalties** da marchi e brevetti derivanti da marchi di tua proprietà o invenzioni che hai brevettato;
- la **creazione di** *software* come ad esempio applicazioni per smartphone o *software* aziendali da te creati che puoi vendere o noleggiare.

Ovviamente, per ottenere tale tipologia di rendite automatiche occorre che tu sia esperto in un determinato settore o che tu abbia un talento naturale (scrittura, fotografia, arte, scienza, ecc.).

Se invece non sei una persona particolarmente ingegnosa o creativa, probabilmente questo sistema per diventare libero finanziariamente è quello che meno ti può interessare o comunque quello che meno va al caso tuo. Purtroppo, a meno che non si abbia un talento innato, difficilmente si diventa da un giorno all'altro scrittori di *best seller*, cantanti, musicisti, scienziati... È un settore che necessita di diversi sforzi, impegno e conoscenza di tanti aspetti (anche legali) di cui tener conto.

Peraltro, non è possibile in modo certo misurare quanto potrà rendere tale investimento e quanto sia realmente il guadagno in un'operazione di questo tipo. Così come non è calcolabile il tempo di realizzo e la qualità della rendita passiva. Senza dimenticare che il rischio di fallimento è elevatissimo. Ma se qualcuno ti chiederà di poter usufruire di ciò che hai creato, ti sei garantito un reddito passivo per tutto il tempo per cui ne farà uso. Se poi la platea dei fruitori si allargherà, allora il discorso, da un punto di vista finanziario, diventerà davvero interessante.

7.3 <u>Blog/sito web, canale youtube, infoprodotti</u>

Con lo sviluppo di internet sono nate diverse possibilità di guadagno che fino a pochi anni fa erano inimmaginabili.

Attraverso la creazione di un popolare **blog** o un **sito web** che molti lettori ben profilati leggono con continuità è possibile venderne gli spazi pubblicitari o essere compensati per una serie di contributi visivi, sponsorizzazioni o citazioni. Pensa semplicemente alle *fashion* o ai *food blogger* o agli *influencer*...

Con un blog più di nicchia, ma fortemente tematico potresti invece operare sulle **affiliazioni**. Si tratta di offrire collegamenti verso siti web ed essere pagati quando la gente compra da tali siti.

Per avere davvero successo con il marketing di affiliazione, oltre alla generazione di traffico, è molto importante che il tuo blog/sito web o pagina Instagram, si concentrino su una **nicchia di mercato specifica.** L'affiliazione, inoltre, dovrà riguardare solo i prodotti in quell'area di interesse (ad esempio prodotti di benessere, orologi di lusso, forniture per la casa, ecc.).

In questo caso, i lettori si fideranno della tua opinione e quindi saranno pronti a comprare da te. Naturalmente, più persone acquisteranno attraverso il tuo blog o sito web, più aziende ti sceglieranno (e pagheranno...) per la promozione dei loro prodotti o servizi.

È inoltre possibile ottenere dei guadagni passivi creando un infoprodotto[8] (*ebook*, video corsi, *podcast*, ecc.) da rivendere online.

Devi però trovare una tua unicità per potere creare una nicchia florida in cui essere il primo. Uno dei principi fondamentali da cui si parte per poter creare degli infoprodotti, infatti, è proprio quello di fornire al proprio pubblico le informazioni che ancora non possiede perché o non sono chiare o nessuno gliele ha spiegate come si deve. Quest'ultimo aspetto, è quello che fa realmente la differenza.

Valuta, pertanto, se ci sono già *community* (online e

---

[8] Un infoprodotto è un prodotto formativo che si distribuisce attraverso Internet e che è basato sull'esperienza di un professionista. L'obiettivo è risolvere un problema o una necessità di un cliente con contenuto di valore.

offline) dedicate a quel mercato, setaccia internet per vedere se ci sono già altri blog, forum, *podcast* ecc... Se esistono, hanno un codice specifico? Ci sono esperti al loro interno? Collegati anche su Facebook per vedere se ci sono dei gruppi gratuiti o chiusi, controlla Youtube per scoprire se sono già presenti canali dedicati.

A proposito di Youtube... come ben sai, da qualche anno è nata la professione dello **"youtuber"** ovvero colui/lei che guadagna creando e postando video sul noto sito di condivisione: se il video raggiunge un certo numero di visualizzazioni, il sito automaticamente ricompenserà l'autore con una parte dei profitti derivanti dalla pubblicità visualizzata prima o durante il video. Una rendita passiva costante perché una volta che il video è online (sempre se valido) dovrai solo attendere che raggiunga un dato numero di visualizzazioni.

Attraverso la suddetta attività, tanti ragazzi, a volte senza mai uscire dalle loro camerette, sono riusciti a crearsi delle rendite milionarie.

Per questo sistema di creazione di entrate passive, l'investimento iniziale è molto basso dal momento che è sufficiente avere un computer ed una connessione internet e, naturalmente, tanta, tantissima voglia di creare contenuti di qualità per attirare lettori/visualizzatori e potenziali clienti ed attuare la giusta strategia di vendita online.

Al riguardo, inutile dirti che limitarsi ad avere un "sito vetrina" non serve a nulla. Soprattutto agli inizi del tuo percorso, spenderai la maggior parte del tuo tempo a lavorare per impostare il tuo blog/sito web o pagina Facebook/Instagram, dovrai generare contenuti e ottenere traffico, creare valore per costruire un business online da zero.

Inoltre, devi sempre considerare che questo si configura reddito passivo solo quando il tempo da te impiegato per la scrittura dei contenuti è minimale rispetto ai guadagni oppure quando altre persone scrivono i contenuti al posto tuo ma tu ne godi i reali benefici.

In sostanza, per riuscire a vivere di rendita tramite internet devi armarti di molta pazienza, mantenere una buona dose di creatività e avere una costanza incredibile, stare sempre sul pezzo proprio come hanno fatto i vari Aranzulla, Ferragni, i The Jackal, diventati negli anni delle vere celebrità del web e non solo.

7.4 Dropshipping

Da qualche anno si parla sempre più spesso di *Dropshipping*. Con questo termine, si intende quel sistema di vendita digitale attraverso il quale il venditore commercia un prodotto senza possederlo materialmente, guadagnando sulla differenza di prezzo tra il costo del prodotto ed il prezzo di vendita proposto al cliente finale.

Soprattutto adesso che la concorrenza in Italia non è ancora eccessiva, costituisce un sistema interessante per generare delle entrate automatiche, un modo semplice, immediato per fare business online senza investimenti iniziali, a parte quelli legati alla gestione del sito.

Il *dropshipping* si basa, appunto, sulla sinergia di tre figure cardine: il produttore che rifornisce l'esercente/venditore, il quale, a sua volta, attraverso un *e-commerce* vende la merce all'utente interessato a comprare in rete. Quando quest'ultimo richiede il bene, il venditore trasmette l'ordine direttamente all'azienda produttrice (*dropshipper*) che farà arrivare la merce a casa dell'acquirente.

Così facendo, tutti hanno la possibilità di guadagnarci qualcosa:

- chi produce può dedicarsi solo alle fasi di realizzazione-spedizione degli articoli, senza dover gestire questioni legate alla loro presentazione-pubblicizzazione nel web. In questo modo, l'azienda produttrice potrà aumentare le vendite allargando la propria rete di contatti per arrivare a nuovi potenziali acquirenti;
- chi vende si concentra esclusivamente sullo sviluppo di una valida manovra di marketing volta ad attirare quanti più clienti possibili. Il venditore, infatti, non essendo costretto a possedere la merce in casa, evita di gestire problematiche logistiche legate al magazzino, può concludere l'affare senza preoccuparsi di una serie di incombenze che portano via tempo ed energie come l'imballaggio, la spedizione e la sottoscrizione delle garanzie. Ad egli resta esclusivamente l'onere di pubblicizzare i prodotti e prendere contatti con i produttori. Inoltre, è libero scegliere il target di utenti a cui rivolgersi, gli articoli da proporre e i Paesi su cui puntare nel corso del tempo;
- chi acquista la merce sa di avere a disposizione un canale che gli garantisce ampia scelta e possibilità di confronto per trovare l'articolo più conveniente dal punto di vista economico.

Grazie a questo sistema è possibile poter intraprendere un'attività imprenditoriale senza grandi investimenti perché, come già ribadito, non c'è necessità di un ufficio né di un magazzino per la merce, quindi il capitale iniziale per avviare l'attività è davvero minimo.

Non c'è neanche bisogno di dipendenti perché tutto può essere fatto da una sola persona che, generalmente, è il titolare dell'attività stessa. L'unico investimento iniziale è quello per l'apertura e la gestione nel tempo dell'e-commerce dato che quando si spedisce al *dropshipper* una richiesta d'ordine ed il denaro necessario a comprare la merce, l'utente ha già pagato, quindi non occorre anticipare nulla. Inoltre, non è da sottovalutare il vantaggio di poter svolgere l'attività ovunque senza bisogno di una sede fissa.

Ovviamente non tutto è perfetto, ma sussiste più di qualche problema in questo moderno sistema di vendita.

Innanzitutto, il limite principale è dato dal fatto che per i venditori **i margini di guadagno sono abbastanza bassi.** In generale, i prodotti venduti in *drop ship* dovrebbero avere un margine di guadagno che va dal 25 al 30% altrimenti l'attività, sul lungo periodo, rischia di andare in perdita. Peraltro, in alcuni settori, come quello informatico ad esempio, le percentuali di guadagno scendono ulteriormente e si attestano intorno al 15%, mettendo seriamente a rischio le attività commerciali.

In sostanza, per avere un buon margine di profitto devi trovare e negoziare bene con un *dropshipper* conveniente oppure cercare di garantirgli delle quantità di ordini elevate che ti permettano di ottenere sconti più o meno considerevoli.

Esiste poi il rischio di esaurimento dei prodotti. Infatti, non sempre il venditore riesce ad essere aggiornato in tempo reale sulle scorte di magazzino dei *dropshipper* e non è inusuale che un prodotto ordinato da un cliente non sia poi disponibile né in riassortimento con la grave conseguenza di perdere la fiducia del consumatore.

Peraltro, se si acquistano prodotti in Paesi come la Cina o altri extraeuropei non coperti da trattati internazionali, è possibile che si incontrino difficoltà al momento in cui è necessario usufruire della garanzia dei prodotti.

Infine, questo sistema ti preclude la possibilità di realizzare un tuo brand, quindi, nel mercato resti un semplice venditore qualsiasi che, se trova un concorrente più competitivo dal punto di vista economico, rischia di passare in secondo piano.

7.5 Aziende di terzi

Un modo molto diffuso ed anche molto semplice per creare delle rendite automatiche è quello di investire in nuove iniziative imprenditoriali (come ad esempio startup) o in attività già esistenti attraverso l'acquisto di una quota della società stessa per percepirne parte degli utili.

A differenza del *trading* che consiste nella compravendita di titoli o altri strumenti finanziari allo scopo di ottenere profitti, l'investimento in aziende di terzi consiste nell'acquistare quote di aziende, le quali, non necessariamente devono essere quotate in borsa. In questo modo **si ottiene una partecipazione nel capitale sociale dell'azienda e si riceve una quota degli utili (dividendo) che vengono distribuiti ai soci ogni anno,** ovviamente sempre se la società risulta in profitto.

Per questa tipologia di sistema è fondamentale verificare che il *business plan* dell'azienda contenga una strategia finanziaria di ampio respiro oltre ad una chiara spiegazione di come verranno impiegati i finanziamenti ricevuti.

In tempi recenti, si sta diffondendo sempre di più lo strumento del ***crowdfunding***, un sistema di raccolta di capitali tramite apposite piattaforme online[9] che consente a società di varia natura di ricevere finanziamenti non solo da grandi soggetti finanziari (banche, fondi di investimento ecc.) ma anche dai piccoli risparmiatori.

Attraverso il *crowdfunding* migliaia di startup ogni anno riescono a finanziarie i propri progetti. Tuttavia, nonostante la regolamentazione, i benefici e le misure volte a proteggere gli investitori, quello in startup rimane un investimento ad alto rischio. Se da un lato può garantirti la possibilità di ottenere dei profitti elevati grazie a quelle che diventano startup "unicorno"[10], dall'altro, è ovvio che scommettere su qualcosa di nuovo, di fatto su un'idea e un progetto per realizzarla, su un'entità che non ha una storia, risultati da presentare o dividendi da promettere, può portare, nella peggiore delle ipotesi, alla perdita del capitale. È noto che le percentuali di fallimento delle startup sono molto alte, si va dal 75% al 90% entro i primi 3 anni[11].

Occorre tenere in considerazione anche il fatto che se la startup ha successo, è assai probabile che per alcuni anni non sia possibile vendere le proprie quote per dar modo al

---

[9] In Italia, la principale piattaforma online è www.mamacrowd.com

[10] Le startup "unicorno" sono quelle imprese che hanno oltrepassato il tetto di una valutazione di 1 miliardo di dollari.

[11] Fonte www.startupbusiness.it, del 18.01.2019

business di crescere ma anche perché non esiste un mercato secondario organizzato su cui è possibile effettuare gli scambi dato che la legislazione italiana vigente vieta la negoziazione degli strumenti finanziari emessi dalle startup innovative, così come la distribuzione di dividendi per i primi 5 anni.

In sostanza, ottenere delle rendite automatiche investendo su aziende di terzi è un sistema semplice, ma presuppone la presenza di tre fattori fondamentali: innanzitutto un capitale iniziale da investire; in secondo luogo, i guadagni sono proporzionati alla tipologia di investimento effettuato; infine, bisogna diventare esperti nell'individuare le giuste società in cui investire, avere un rapporto o un confronto diretto con il titolare dell'azienda o con il management della medesima ed identificare anche il giusto settore di mercato su cui puntare altrimenti il rischio (più che concreto) è quello di rimetterci l'intero capitale investito.

7.6 Immobili

Senza dubbio il "mattone" costituisce uno dei migliori investimenti, soprattutto per chi inizia. Il settore immobiliare rappresenta da sempre uno dei modi più diffusi per generare delle rendite passive dato che si riceve (di solito mensilmente) una somma di denaro a fronte della locazione di un immobile che può essere ad uso privato o commerciale.

Di seguito, andremo ad analizzare questo sistema, ma lo faremo in estrema sintesi in quanto necessiterebbe di un manuale ad hoc a parte. È infatti un settore ampio ed articolato che presenta diverse soluzioni per acquistare immobili ad un prezzo molto vantaggioso, come ad esempio accade con le **aste giudiziarie** ma anche a costi irrisori come avviene con le **cessioni di compromesso** o anche senza soldi attraverso la procedura di **saldo e stralcio**. Si tratta, tuttavia, di modalità di acquisizione avanzate che necessitano per ognuna, di molto studio al fine di diventare abbastanza esperti.

Come è noto, nel nostro Paese l'affitto rappresenta l'entrata automatica per eccellenza. È risaputo altresì che l'acquisto della prima casa per l'abitazione è un punto molto dolente per gli italiani.

In tutta Europa si preferisce vivere in affitto anche a fronte di una maggiore mobilità del lavoro. In Italia, invece, per la maggior parte delle persone, la casa ha un valore emozionale, rappresenta un punto di arrivo molto importante, un sogno che si realizza, la sicurezza di avere un qualcosa di proprio da lasciare un giorno ai figli.

Da un punto di vista finanziario, invece, mi dispiace deluderti, ma ti dico che è un grave errore… Lo so che ti sembra strano, anche io sono cresciuto con la convinzione che comprare casa per andarci a vivere rappresentava un ottimo investimento in quanto nel tempo si rivaluta. Ma sei proprio sicuro che sia così? Prova a pensare alle varie crisi del mercato immobiliare o ai periodi in cui sono calati parecchio i prezzi.

In realtà, né le crisi né il calo dei prezzi rappresentano il principale problema. L'errore basilare è che **l'acquisto di una casa per viverci non produce** *cashflow* nel senso che non genera alcun attivo, ma soltanto una passività. Le famiglie purtroppo si indebitano contraendo mutui trentennali che bloccano o limitano la loro capacità di spesa.

Tale aspetto, a causa dell'inflazione in corso, costituisce sempre più spesso una grave difficoltà. L'esperienza (personale e professionale), inoltre, mi ha insegnato che è vero che la proprietà dell'immobile si acquisisce con il rogito[12], ma fino a quando non viene pagata l'ultima rata, la banca potrà sempre far valere la garanzia rilasciata a propria tutela al momento dell'accensione del mutuo.

In altri termini, la casa che compri con un mutuo per andarci a vivere è tua sulla carta ma nella sostanza non lo è, almeno fino a quando non estingui il debito con la banca che ti ha prestato i soldi.

Quello che si dovrebbe fare, pertanto, è **comprare l'immobile ma rivenderlo con un sovrapprezzo o affittarlo a terzi con un canone mensile più alto rispetto alla rata del mutuo al fine di produrre *cashflow*.** In questo modo, vero che ti indebiti con la banca, ma a finanziare il tuo investimento ci penserà la rendita proveniente dall'affitto che riceverai mensilmente. Allo stesso tempo, il *cashflow* positivo ti consentirà di aumentare la tua ricchezza ed anche la tua capacità di debito così da ottimizzare la leva finanziaria (i soldi prestati dalla banca) che altrimenti non verrebbe utilizzata.

Al riguardo, occorre fare un'importante precisazione: per chi investe in immobili, **la velocita dell'operazione conta di più dall'ottenere il massimo profitto**. Non ha senso, infatti, tenere bloccata la vendita dell'immobile per troppi mesi al

---

[12] Il rogito è l'atto redatto da un notaio con le formalità prescritte dalla legge. Tale documento fa prova legale dei fatti ed atti giuridici che il notaio stesso attesta essere avvenuti in sua presenza o da lui compiuti.

fine di accaparrarsi un 2-3 % in più di profitto.

Essere investitori immobiliari significa comprare immobili e rivenderli velocemente. Più è veloce è la vendita, più operazioni riuscirai a fare. Pensaci bene, ha più valore un'operazione che frutta un utile di 35.000 euro o cinque che ne fruttano 25.000 euro ciascuna? Molto meglio monetizzare e passare ad altro, facendo circolare più velocemente i soldi.

Una volta apprese le giuste competenze, dovrai spendere tempo ed energia per trovare ed acquistare l'immobile da rivendere con un sovrapprezzo o mettere a rendita, generando così entrate automatiche ogni mese.

Quando si cerca un immobile da acquistare e rivendere bisogna però **partire sempre dalla "fine"** ovvero devi prima capire qual è il target del tuo potenziale acquirente e la sua capacità di spesa, solo in seguito organizzare l'operazione.

Mi spiego meglio. Nelle grandi città, le zone più interessanti per fare delle operazioni di *trading* immobiliare sono ovviamente quelle del centro, quelle vicino alle università o agli ospedali. Se ad esempio hai tra le mani un appartamento in zona universitaria che non è frazionato in stanze, non puoi certo considerarlo un ottimo affare perché ti verrà difficile affittarlo o rivenderlo ad una famiglia. Naturalmente, nel disegnare i confini della tua zona dovrai sempre considerare alcuni parametri. Innanzitutto non ci deve essere **scarsità** ovvero una sproporzione evidente tra molti che vogliono comprare e pochi che vogliono vendere. Questo perché i pochi venditori possono tirare i prezzi molto in alto proprio per questa mancanza di offerta.

Allo stesso tempo, non deve esserci neanche l'esempio opposto ovvero quello di **abbondanza** perché i proprietari sono obbligati ad abbassare i prezzi se vogliono vendere. Se anche comprassi un immobile ad un costo molto basso, incontreresti difficoltà a rivenderlo ad un prezzo sufficiente a garantirti un utile.

Diciamo che ci deve essere **equilibrio**: 100 acquirenti e 70- 90 immobili in vendita.

Un altro errore comune che commettono le persone nella compravendita immobiliare è pensare che gli affari si facciano quando si vende. I neofiti ed in generale chi non ha idee su come investire in immobili acquistano solitamente al prezzo di mercato e sperano che il prezzo salga, incrociano le dita e via, senza una strategia, senza un obiettivo, senza una meta ben precisa.

In realtà è tutto l'opposto, **l'affare si fa quando si compra, non quando si vende** perché è al momento dell'acquisto che devi individuare il tuo vero guadagno. La remunerazione di un investitore immobiliare, infatti, deve essere stabilita a priori. In questo modo, hai la possibilità di conoscere già il profitto, seppur approssimativo, che potrai ottenere dalla futura rivendita. Proprio per tale motivo, bisognerebbe comprare con almeno il 30 % di sconto rispetto al prezzo di mercato.

Se stai pensando che l'ho sparata grossa e che sia impossibile acquistare a meno del 30% del prezzo di mercato, ti sbagli! Esistono i cosiddetti *"don't wanters"*, cioè quelle persone che non vogliono più tenere l'immobile.

I motivi per vendere possono essere diversi: c'è chi vende perché è pieno di debiti ed ha bisogno di soldi, chi perché ha ereditato l'immobile e vuole trasformarlo in denaro, chi perché ha trovato lavoro all'estero e deve trasferirsi, chi perché è stanco di avere sempre liti condominiali e vuole cambiare aria, chi perché ha un immobile in una zona che è diventate malfamata o caotica. Oppure ci sono coppie che hanno appena divorziato e non vogliono tenersi la casa, ma vogliono monetizzare e andare ognuno per la propria strada, ci sono poi quelli che puntano a trasferirsi in una casa più grande (ad esempio una coppia a cui sta per nascere un bambino) o più piccola (ad esempio chi non ce la fa più a sostenere le imposte o le spese che gravano su un immobile di grandi dimensioni).

Come vedi, le ragioni sono svariate, non c'è una regola generale, ma puoi essere certo che ci sono tante persone che, ogni giorno, vogliono disfarsi della propria casa. Per questo è sempre fondamentale comprendere il motivo per cui si vende.

La motivazione è, infatti, una leva molto importante perché si potrà utilizzare nel momento in cui si farà la proposta.

> *"Le migliori operazioni immobiliari si nascondono dove esistono problemi"* A. Leone

Esistono dei criteri per valutare se l'immobile a cui sei interessato è un buon affare. Innanzitutto bisogna vedere da quanto tempo è in vendita, se ci sono già stati dei ribassi, se sono state formulate altre proposte.

Occorre poi stimare i pregi ed i difetti dell'immobile, verificare i documenti catastali per accertarsi che non vi gravino ipoteche, controllare sempre la pulizia dello stabile ed i campanelli del medesimo: se ci sono troppi nomi stranieri vuol dire che si sta spopolando quindi avrai una difficoltà in più per rivendere l'immobile.

Inoltre, è indispensabile capire a quanto possono ammontare le spese di ristrutturazione. Quest'ultimo, è un aspetto fondamentale perché **le persone vogliono tutto pronto e subito**. Potresti ottenere un profitto molto importante semplicemente dando una rinfrescata alle pareti o cambiando gli infissi.

Tuttavia, dovrai stare molto attento. Se hai selezionato una zona della tua città dove i prezzi sono molto alti ed hai pensato di vendere ad un target facoltoso, disposto a spendere cifre importanti per quegli immobili, la ristrutturazione dovrà essere adeguata, perché se ti limitassi ad un intervento di base o troppo semplice potresti incontrare difficoltà nella vendita.

Queste persone, infatti, esaminando l'appartamento e osservando le finiture o i materiali, potrebbero pensare di dover ristrutturare nuovamente l'immobile per adeguarlo ai propri standard qualitativi. In tal caso, certamente chiederebbero uno sconto. Quindi non puoi pensare di installare sanitari economici, rivestimenti a *stock*, dovrai utilizzare materiali di livello e assicurare la massima qualità. Insomma, dovrai offrire un buon prodotto che sia consono alle aspettative dei tuoi potenziali clienti.

Stesso identico discorso vale per la fattispecie inversa. Se hai selezionato una zona medio-popolare ed effettui una ristrutturazione di livello, magari perché pensi che con un intervento più costoso riesci a guadagnare di più, corri il rischio di tenerti l'immobile per lungo termine. I potenziali acquirenti saranno piacevolmente sorpresi di trovarsi davanti ad un immobile di pregio, con rifiniture signorili, ma ciò non cambierà la loro capacità di spesa e quindi il tuo bell'immobile ristrutturato con finiture di pregio rimarrà solo... una cattedrale nel deserto.

Per evitare questi errori banali, dovrai necessariamente

imparare a parlare la stessa lingua degli agenti immobiliari. Avrai sempre a che fare con loro perché saranno proprio gli agenti a segnalarti la maggior parte delle operazioni di trading immobiliare e questo rappresenta un importante vantaggio competitivo. Parti dal presupposto che **gli agenti immobiliari non sono tuoi concorrenti.** Essi non comprano e non vendono, il loro lavoro consiste semplicemente nel mettere in relazione venditore e acquirente e nell'agevolare la negoziazione.

Senza un agente immobiliare competente dovrai visionare gli immobili attraverso i portali, gli annunci sui giornali, i cartelli sia di agenzie che di privati... Al contrario, se hai uno o più agenti immobiliari di fiducia, può accadere che in presenza di un'operazione interessante, saranno proprio loro a chiamarti prima di mettere in vendita l'immobile.

Salvo i casi in cui sarai direttamente tu a vendere l'immobile, nella maggior parte delle situazioni saranno gli agenti ad occuparsene, a fare la pubblicità, ad organizzare il marketing per la vendita, saranno sempre loro a gestire le visite con i vari clienti, mentre tu potrai occupare lo stesso tempo per dedicarti ad altri affari immobiliari.

E poi, non dimenticare che un buon agente immobiliare conosce bene il territorio, è in confidenza con le persone che abitano nella zona. Può dunque capitare che alcune di queste persone abbiano una problematica di pignoramento. In questo caso l'agente può metterti in contatto con l'esecutato al fine di imbastire una trattativa stragiudiziale di saldo e stralcio.

Pertanto, se vuoi costruire la tua libertà finanziaria in questo settore, ricorda sempre che più e meglio pagherai gli agenti immobiliari, più guadagnerai dall'affare. Può sembrare un paradosso, ma ti assicuro che non lo è. Se infatti paghi gli agenti bene e con puntualità, essi ti porteranno le opportunità migliori e ti proporranno molte possibilità di trading perché a beneficiarne saranno anche loro. Avrai così la possibilità non solo di fare molte operazioni, ma scegliere le migliori.

> *"Il problema non è stimare gli immobili a buon prezzo ma essere in grado di stimare con precisione il loro valore"* G. Gatti

Il grande limite degli investimenti immobiliari è costituito dal fatto che l'acquisto di un immobile richiede un minimo di disponibilità economica. Se non hai accumulato dei risparmi sufficienti, se non hai alle spalle una famiglia che foraggia il tuo investimento (a meno che non operi attraverso la cessione di compromesso o il saldo e stralcio di cui ti ho accennato all'inizio), sei di fatto obbligato ad accendere un mutuo in banca utilizzando il cosiddetto "effetto leva".

Nonostante ciò, se sei un lavoratore precario o un autonomo che ha avviato da poco la propria attività, per ricevere un prestito da un Istituto di credito dovrai necessariamente presentare una fideiussione rilasciata da un terzo che faccia da garante (con tutto il suo patrimonio) per l'estinzione totale del tuo debito.

Inoltre, bisogna precisare che fino agli anni '90, quello immobiliare era senz'altro un buon investimento se visto in prospettiva, il lavoro dipendente era più sicuro, gli inquilini pagavano l'affitto. Le recenti statistiche dicono che quello immobiliare, oggi rappresentata un investimento che si recupera molto lentamente perché è diventato più difficile trovare delle persone affidabili a cui locare l'immobile per non essere costretto a spendere ulteriori soldi ed energie per lo sfratto.

A causa delle difficoltà che ha vissuto il mercato immobiliare negli ultimi anni, la quantità della rendita passiva è diventata molto bassa in quanto oltre all'investimento, occorre aggiungere i costi di manutenzione, le spese straordinarie del condominio come ristrutturare la facciata dello stabile, il tubo dell'acqua che si rompe, la manutenzione della caldaia, l'impianto elettrico ecc. Senza dimenticare che le proprietà immobiliari fanno reddito quindi bisogna pagare le tasse e le relative imposte.

Se capisci che acquistare immobili (per affittarli o rivenderli) sia un'attività troppo gravosa e con alto rischio, ti dico di non scoraggiarti perché potrai lo stesso ottenere delle entrate automatiche che ti permetteranno di guadagnare sugli immobili senza la necessità di acquistarli.

Il *"Rent to Rent"* è appunto una nuova metodologia che si sta affermando in tempi recenti nel settore immobiliare attraverso la quale è possibile creare delle rendite alternative ed automatiche tramite le sublocazioni a medio termine. In sostanza non è necessario acquistare l'immobile per ottenere dei profitti. Grazie al *Rent to Rent*, infatti, hai la possibilità di guadagnare dalla differenza tra il canone a cui subaffitti ed il canone di affitto che tu paghi al proprietario.

Potrai decidere se destinare gli immobili in subaffitto come appartamenti con stanze in condivisione (ad esempio per studenti universitari o lavoratori fuori sede) oppure come appartamenti destinati a case vacanza. Ovviamente saranno a tuo carico le spese per la ristrutturazione e per la suddivisione dell'immobile che seguirà le tue esigenze.

Inutile dirti che in questo caso lo scoglio principale da superare è riuscire ad ottenere l'autorizzazione formale del proprietario alla sublocazione. Sebbene il codice civile consenta in generale al conduttore la facoltà di sublocare, nella prassi la sublocazione viene vietata nei contratti di locazione.

Dovrai negoziare a tuo vantaggio il canone di affitto con il medesimo proprietario altrimenti il rischio è quello di avere margini di guadagno troppo bassi.

Pertanto, nel caso in cui tu decida di applicare questo metodo, il mio suggerimento è quello di non limitarti a sublocare un solo immobile, ma molti di più.

In sostanza, se vuoi investire in immobili devi saper acquistare molto bene perché, come già asserito, è nell'acquisto (e non nella vendita) che puoi fare la differenza.

Per ottenere l'immobile magari ci metterai mesi, dovrai studiare un mercato che prima non conoscevi, imparare a parlarne il linguaggio, dovrai convincere la banca a darti un mutuo, ripagare il debito e farti carico di un sacco di incombenze burocratiche, dovrai circondarti di validi professionisti (agenti, avvocati, commercialisti, notai) e pagare bene le loro competenze perché non è come giocare a monopoli con il funghetto, la candela e le banconote finte... È infatti un lavoro che richiede formazione, perseveranza, pazienza ed un bel po' di impegno, ma i buoni affari ci sono sempre.

7.7 Strumenti finanziari

L'investimento in borsa o **"trading"** rappresenta un altro metodo per raggiungere la libertà finanziaria. Azioni, Obbligazioni, Fondi di investimento, Titoli di Stato, Opzioni, altri titoli rappresentativi di capitale di rischio negoziabili sul mercato dei capitali sono tutti strumenti finanziari (disciplinati dal Testo Unico della Finanza) che possono generare reddito passivo (dividendi annuali, cedole, ecc.) oltre a poter essere oggetto di semplice compravendita.

In economia, il termine *trading* sta appunto ad indicare la negoziazione e/o il commercio di beni acquistabili e vendibili.

Questi beni possono essere reali, e quindi tangibili come ad esempio le materie prime (oro, gas, petrolio) oppure virtuali come ad esempio le valute nazionali. L'obiettivo di questo scambio è ovviamente quello di generare un profitto acquistando un bene per poi rivenderlo ad un prezzo più alto.

Purtroppo, la maggior parte delle persone pensa che investire in titoli sia un gioco. Quante volte hai sentito dire a qualcuno che conosci *"quello gioca in borsa..."*? In realtà tutto è tranne che un gioco, non si ci affida alla fortuna, si tratta di un lavoro vero e proprio che richiede formazione, propensione al rischio e strategie definite.

Va chiarito che gli investimenti non assicurano guadagni certi, altrimenti tutti lo farebbero. Il rischio nel trading è elevatissimo, esiste sempre e **chi investe sui titoli finanziari è consapevole che potrebbe rimetterci o, addirittura, perdere tutto**. Infatti, il 90 % delle persone che si avviano su questa strada senza una adeguata formazione vanno in perdita, bruciano soldi perché non hanno un piano, non sanno come e quando entrare nel gioco, si basano su quello che dice il cognato o l'amico.

Questo è il classico approccio sbagliato del *"buy and pray"* ovvero compra e poi prega di avere fortuna sull'investimento. Ma chi padroneggia il gioco guadagna sempre su quelli che si avventurano senza conoscere le regole.

Così come le perdite nel *trading* sono inevitabili, allo stesso tempo, ti dico che è possibile effettuare delle operazioni molto redditizie conoscendo i cosiddetti "segnali" del mercato.

Si tratta di indicatori che dicono ai bravi *trader* che è il momento di entrare a mercato in posizione di acquisto o di vendita, per quanto tempo e con quale capitale. In questo modo, se si ha la giusta strategia è possibile utilizzare il trading per creare delle rendite passive che comportano dei vantaggi non trascurabili: sei tu a decidere quando entrare ed uscire dal mercato (questo ti permette di gestire il rischio in prima persona), puoi lavorare poche ore a settimana in qualsiasi parte del mondo, è sufficiente avere un PC o uno smartphone ed una connessione internet che ti consente di vedere in diretta i risultati delle tue azioni.

Il capitale iniziale necessario è medio-basso salvo poi aumentare quando si diventa più esperti, non ci sono clienti, non ci sono merci, non c'è marketing, non ci sono tutte le decine di fattori che influenzano un business. Ci sei solo tu ed il mercato.

È possibile fare *trading* in maniera diversificata ovvero operando su mercati differenti. Sono certo che, la prima cosa a cui starai pensando è il **trading** in azioni perché è il più semplice da capire. Fino a poco tempo fa, anche io conoscevo solo questa tipologia di investimento.

Ogni giorno milioni di azioni vengono vendute ed acquistate. Puoi comprare titoli delle società quotate nelle varie borse mondiali (ad esempio Apple, Amazon, Google o azioni Italiane come FCA, Pirelli, Eni, Ferrari ecc.) attraverso le varie piattaforme disponibili con un solo click. Il prezzo di listino naturalmente è quello su cui compratori e venditori si accordano in quel giorno.

Ti faccio un esempio per farti capire meglio come funziona: io oggi investo 1.000 euro per acquistare 100 azioni della Facebook Inc. al valore nominale di 10 euro per ogni singola azione. In questo modo, diverrò socio, per una quota infinitesimale, del colosso guidato da Mark Zuckemberg. Nel momento in cui il prezzo del titolo sale (ad es. da 10 a 20 euro per ogni azione), posso decidere chiudere la posizione aperta e rivendere le azioni così da guadagnare la differenza. Nel caso di specie 100 azioni x 20 euro ciascuna = 1.000 euro di profitto. Ovviamente, più ci si aspetta che l'azienda renda bene creando nuovi prodotti e/o servizi, più le azioni tendono a salire di prezzo. Meno sana sarà l'azienda meno utili.

> *"Investire con successo significa anticipare le anticipazioni degli altri"* J.M. Keynes

I titoli azionari hanno, tuttavia, tre grandi difetti:

- guadagni solo quando il prezzo sale e perdi quando il prezzo scende;
- non puoi controllare il rischio;
- non hai alcuna leva, quello che investi sono i soldi che

hai a disposizione.

Sicuramente l'investimento in azioni è quello meno redditizio e, sempre che tu non sia già un *trader* specialista, almeno inizialmente, te lo sconsiglio.

Esistono, infatti, altri metodi per fare trading che sono di gran lunga molto più vantaggiosi come ad esempio **Opzioni, Forex** e *Commodities.* Si tratta di strumenti più tecnici rispetto al semplice trading in azioni e, per tale ragione, non li approfondiremo nello specifico ma mi limiterò a darti un'infarinatura generale. Posso, tuttavia, assicurarti che si tratta di strumenti che sono alla portata di chiunque (anche senza alcuna preparazione accademica o operativa precedente) che ti permettono, lavorando poche ore al giorno, di guadagnare in tutti i momenti di mercato e di controllare meglio il rischio:

- Le **Opzioni** sono strumenti finanziari il cui valore non è autonomo ma deriva dal prezzo di un'attività sottostante di varia natura (reale come nel caso di materie prime quali grano, oro, petrolio, ecc., oppure finanziaria come nel caso di azioni, obbligazioni, tassi di cambio, indici, ecc.). Si definiscono appunto strumenti **"derivati"** proprio ad indicare la suddetta dipendenza.
  Le opzioni danno il diritto, ma non l'obbligo, all'acquirente dietro il pagamento di un prezzo (premio), di esercitare o meno la facoltà di acquistare (Call) o vendere (Put) una data quantità di una specifica attività finanziaria detta "sottostante" ad una precisa data di scadenza o entro tale data e a un determinato prezzo di esercizio (*strike price*).

141

In altri termini, senza perderci in tecnicismi che ti farebbero solo confondere le idee, le opzioni ti consentono di guadagnare non solo se l'azione sottostante sale, ma anche se scende o si muove lateralmente, questo indipendentemente dall'oscillazione del titolo o dal passare del tempo. Ne consegue che, conti alla mano, **per il 67% delle volte sei in profitto.**

- **Forex** sta letteralmente per *"Foreign Exchange"*. Si tratta del **mercato delle valute**, all'interno del quale vengono scambiate. È il mercato più grande e più liquido, troviamo ad esempio valute come EUR/USD (Euro/Dollaro) o USD/GBP (Dollaro/Sterlina Inglese) e tantissime altre ancora.
La valuta, come ogni altro bene, è soggetta a fluttuazioni di prezzo in base a domanda e offerta. Gli indici di mercato sono più chiari e prevedibili e poi, trattandosi di un mercato molto liquido, troverai sempre un compratore disposto a comprare quello che vendi.

- Per *Commodities* si intendono le **materie prime** come oro, argento, petrolio, gas ma anche beni come mais, caffè, cacao, riso e molti altri ancora. In altri termini, rappresenta il mercato dei beni fungibili, beni cioè, che per la loro storicità, permettono di prevedere facilmente l'andamento del loro valore nel corso dell'anno. Trattandosi di materie prime, risentono naturalmente delle produzioni e, nella maggior parte dei casi, delle variazioni stagionali. Prima di poter operare su questi mercati, pertanto, sarà opportuno studiare gli andamenti precedenti, analizzare i mesi più profittevoli così da comprendere come si muove quella determinata *commodity* e trarre il maggiore profitto.

Da qualche tempo, inoltre, sta spopolando il *trading* di **criptovalute**[13]. Ce ne sono migliaia, ma le più famose, quelle che continuano ad avere la maggiore capitalizzazione del mercato sono senz'altro **Bitcoin** ed **Ethereum**. A fronte dell'incredibile popolarità negli ultimi anni, le criptovalute sono divenute un *asset* convenzionale.

La tecnologia sulle quali si fondano è la ***blockchain***[14] (letteralmente "catena di blocchi"), la quale, a detta degli esperti, è destinata nei prossimi anni a stravolgere la nostra vita proprio come è successo con internet.

Non voglio entrare nel merito perché l'argomento è molto vasto, in continuo divenire e servirebbe un manuale a parte. Mi limito a dirti che l'obiettivo principale della criptovaluta più importante (almeno per il momento)

---

[13] Una criptovaluta è una valuta paritaria, decentralizzata e digitale la cui implementazione si basa sui principi della crittografia per convalidare le transazioni e la generazione di moneta in sé. Esse utilizzano tecnologie di tipo *peer-to-peer* (p2p) su reti i cui nodi sono computer di utenti disseminati in tutto il globo. Il controllo decentralizzato di ciascuna criptovaluta funziona attraverso la tecnologia di contabilità generalizzata - in genere una *blockchain* - che funge da *database* di transazioni finanziarie. Su questi computer vengono eseguiti appositi programmi che svolgono funzioni di *wallet* ossia portamonete. Non c'è attualmente alcuna autorità centrale che le controlla. Le transazioni e il rilascio avvengono collettivamente in rete, pertanto non c'è una gestione di tipo "centralizzato". Queste proprietà uniche nel loro genere, non possono essere esplicate dai sistemi di pagamento tradizionale.

[14] La *blockchain* consiste in un registro digitale condiviso ed immutabile le cui voci sono raggruppate nei "blocchi", concatenati in ordine cronologico, e la cui integrità e sicurezza è garantita dall'uso di crittografia. Il suo contenuto una volta scritto non è più né modificabile né eliminabile, a meno di non invalidare l'intera struttura.

ovvero Bitcoin è quello di consentire a tutte le persone di effettuare, in sicurezza, transazioni finanziarie immediate in tutto il mondo senza l'intervento di banche o altri istituti finanziari, pagando commissioni molto basse. Per tale ragione, ciò che attira le persone ad acquistare tale *asset* è proprio l'idea di proteggersi contro la svalutazione della propria moneta nazionale.

Tuttavia, ci sono diversi fattori capaci di far aumentare o calare il prezzo delle criptovalute. Per cominciare, proprio come con il Forex, maggiore è la domanda più alto sarà il prezzo. Inoltre, l'acquisto della moneta da parte dei trader che basano la loro attività sulla speculazione, influenza notevolmente la domanda e quindi il prezzo.

Il mercato delle criptovalute rappresenta a tutti gli effetti una vera e propria rivoluzione, cambia molto velocemente, nuove nascono e altre scompaiono. Fino a quando non ci sarà una regolazione *ad hoc* fare *trading* con le criptovalute sarà sempre molto rischioso essendo un mercato soggetto a grande speculazione.

In tempi recenti sono proliferate migliaia di piattaforme di **trading online**. Queste sicuramente danno ogni giorno la possibilità a tutti di diventare degli investitori con poco capitale senza utilizzare il canale della banca, tuttavia beneficiano dell'ignoranza finanziaria delle persone, le quali, attratte dalla possibilità di partire con micro-investimenti (un minimo di 50-100 euro) iniziano ad acquistare titoli per poi perdere tutto dopo poco tempo.

La colpa non è di certo delle società che hanno creato questi portali ma delle persone che pensano che fare *trading* equivalga ad un "Gratta & Vinci".

Tra queste piattaforme di *trading* online, tuttavia, ce ne

sono alcune davvero interessanti che ti consentono di fare *Copy Trading* o *Social trading*.

Il copiare o anche semplicemente prendere spunti dalle "posizioni" degli altri *traders* per aumentare le probabilità di guadagno e abbassare i margini di rischio sono il motivo che sta alla base del successo di questo sistema di trading.

Non ti servono competenze particolari dato che puoi "copiare" le operazioni di *brokers* professionisti. Il tuo capitale aumenterà o diminuirà a seconda dell'andamento delle suddette operazioni.

Inoltre, in caso di perdite consecutive, puoi sempre interrompere di copiare il *trader* scelto quando vuoi e magari rincominciare con un altro oppure impostare preliminarmente lo *stop loss*.

Lo **Stop loss** (letteralmente "stop alla perdita") è, infatti, una strategia finalizzata a salvaguardare il capitale investito in un'attività finanziaria, nel caso in cui l'andamento dei mercati andasse in direzione contraria alle aspettative iniziali, ponendo così fine ad una posizione che tende a perdere valore. Esso è un accorgimento che consente di ridurre al minimo le perdite derivate dall'investimento in attività finanziarie con assunzione di rischio. Ricordati di inserirlo sempre nei tuoi ordini, altrimenti potresti rischiare di perdere tutto. Non utilizzarlo equivale ad un suicidio finanziario.

Infine, non posso non accennarti il **Take Profit**. Può capitare infatti che, dopo un'operazione, facendoti prendere dall'emozione, dall'avidità o aspettando troppo ad uscire, rischi di bruciarti il guadagno o addirittura di andare in negativo. Il *Take Profit* consiste appunto in quel valore che inserisci per uscire dal mercato quando sei profittevole. Proprio come lo *Stop Loss*, il *Take Profit* può servire anche a non farti aspettare troppo a chiudere una posizione quando sei in positivo. Ad esempio: compri delle azioni per un valore di 1.000 euro ed il tuo obiettivo è quello di ottenere un profitto di 500 euro da tale operazione. Non appena il valore delle tue azioni raggiungerà il profitto desiderato, grazie al *take profit* incasserai immediatamente.

Cosa succede se ti dimentichi di impostarlo? Assolutamente niente dato che sia lo *Stop Loss* ed il *Take Profit* possono essere inseriti come parte dell'ordine stesso o in seguito come ordini separati e vincolati a quel primo ordine. Resta inteso che, qualora ce ne fosse l'esigenza, nessuno ti vieta di intervenire e chiudere le posizioni prima che scattino *Stop Loss* e *Take Profit*.

Se non sei particolarmente propenso al rischio puoi sempre decidere di investire sui **titoli bancari**. Avendo, tuttavia, un basso rischio, questi ultimi riconoscono degli interessi talmente bassi che per avere una rendita minima di 500 euro al mese dovresti investire almeno 300.000 euro… E non solo il tuo capitale avrà un rendimento molto basso, ma sarà anche in serio pericolo. Il Codacons stima infatti che, a causa delle crisi bancarie e delle bolle speculative, l'ammontare del capitale perso dai piccoli risparmiatori è pari a 44 miliardi di euro (soltanto negli ultimi 15 anni). Senza dimenticare che oggi le banche non se la passano benissimo, basti vedere quanti posti di lavoro sono stati bruciati negli ultimi 5 anni.

> *"L'investimento deve essere razionale. Se non lo capite, non lo fate. Il rischio nasce nel non sapere cosa stai facendo"* W. Buffet

Se vuoi crearti delle entrate automatiche con il *trading* è pertanto fondamentale acquisire delle conoscenze molto avanzate, devi imparare a gestire il rischio invece di evitarlo. Ti serviranno alcuni mesi/anni di studio e pratica per diventare autonomo e poter operare sul mercato a meno che tu non decida di delegare i tuoi investimenti a dei consulenti che gestiranno i tuoi risparmi, ovviamente versando laute commissioni per l'intermediazione (commissioni d'ingresso, costi di gestione del fondo, penali di uscita anticipata, costi nascosti legati all'esecuzione).

Tieni presente che queste commissioni vengono applicate sia nel caso tu guadagni sia nel caso in cui tu perda. Il *broker* o la banca intascano sempre la propria parte, per natura e per ruolo, fanno ovviamente il loro lavoro ed interesse, quindi è chiaro che tendano a spingerti a versare dei soldi anche per operazioni poco profittevoli. Funziona così, non c'è nulla di strano in tutto questo, semplicemente se ti è già capitato di fare degli investimenti in banca non te ne sei mai accorto.

Hai mai fatto caso che quando deleghi la banca o al tuo *broker* di fiducia ad investire i tuoi soldi, con la "scusa" di diversificare il tuo capitale, ti vengono sì proposti prodotti finanziari diversi, ma sempre correlati tra di loro? Sai cosa vuol dire in pratica? Vuol dire che se crolla un comparto del mercato, crollano a cascata tutti i prodotti finanziari che hai nel portafoglio, il tuo investimento perde valore e non puoi far altro che incassare le perdite in attesa che i tempi migliorino. Allora perché le banche lo fanno? Semplice, perché spezzettando il tuo capitale in prodotti correlati tra loro, riescono a creare un flusso di commissioni bancarie molto più elevato, incassando più soldi a scapito del tuo portafoglio.

Per tutte queste ragioni, delegare i propri investimenti a dei *brokers* è una soluzione che ti sconsiglio. Se vuoi avere dei guadagni passivi con il *trading*, meglio formarsi, essere consapevole delle operazioni che vengono effettuate, imparare a gestire il proprio denaro affinché sia merito proprio e non di terzi.

A conclusione, ribadisco per l'ennesima volta che il *trading*, come ogni altra attività di business, richiede studio e disciplina che tradotto significa imparare e seguire le regole in maniera rigida, senza scorciatoie o trucchetti per accelerare e soprattutto imparando a controllare le emozioni.

Mai investire tutti i tuoi risparmi, ma solo quello che sei disposto a perdere. Il *panic selling*[15] è sempre dietro l'angolo... La componente emotiva è, infatti, molto importante ed il *trading* non fa per chi non è in grado di gestire sé stesso e le proprie emozioni. Servono disciplina, freddezza, lucidità, auto-controllo. E pratica, molta pratica. Altrimenti non è più *trading* ma gioco d'azzardo.

7.8 Network Marketing

Il Network Marketing è un sistema che ti dà l'opportunità di ottenere entrate automatiche senza grandi investimenti di denaro. Oggi questo modello di business rappresenta senz'altro uno dei sistemi migliori per raggiungere la libertà finanziaria velocemente.

---

[15] Il *panic selling* consiste in quella fase di mercato in cui soprattutto i piccoli operatori sono in preda al panico in seguito a bruschi cali delle quotazioni

La prima volta che sentii parlare di network marketing era la fine 2011, mi trovavo negli Stati Uniti per completare la mia tesi di laurea sulle sanzioni *antitrust*. Approfondendo da vicino l'economia più importante del mondo, mi resi conto che il settore del network marketing – sviluppatosi negli U.S.A. intorno agli anni '30 – aveva dei numeri da capogiro.

Alcune aziende che utilizzavano questo sistema distributivo, fatturavano ogni anno centinaia di milioni di dollari, molto più dell'industria del cinema, di quella della musica, di quella dei videogames... Ed il *trend* era (e continua ad essere) in continua crescita.

In Italia, il volume dell'industria del network marketing nel 2017 è stato circa di 3 miliardi (il mondo del calcio nello stesso anno di riferimento si è fermato a 2 miliardi e mezzo). Va detto però che nel nostro Paese questo sistema distributivo non gode della fama che meriterebbe perché è stato spesso associato a eventi o a situazioni poco trasparenti che ne hanno un po' danneggiato l'immagine. Tale sistema distributivo molte volte è oggetto di discussione fondamentalmente per una serie di motivi.

In *primis* perché è visto come qualcosa di "nuovo" e quindi vi è sempre l'incertezza se andrà bene o male. Per alcuni, infatti, rappresenta il business per disperati senza soldi, per altri ancora una setta dove ti fanno il lavaggio del cervello.

In secondo luogo perché alcune società hanno mascherato delle attività commerciali spacciandole per network marketing quando in realtà nulla avevano a che fare con il medesimo trattandosi semplicemente di catene di Sant'Antonio, sistemi piramidali (che lasciano l'ultimo arrivato con il cerino in mano) e, in alcuni casi, di truffe vere e proprie. Questo ha condotto al problema della generalizzazione nel network marketing ovvero pensare che se una persona opera in maniera non etica, tutto il settore o l'azienda in questione lo sia per via riflessa, soprattutto sul web nell'era dei leoni da tastiera.

Infine, molta gente snobba o sottovaluta le potenzialità del network marketing solo perché si limita a fidarsi delle parole dell'amico, del cognato, del nipote, dello zio che gliene ha parlato prima, pur non essendo questi degli esperti di economia.

Facciamo allora un po' di chiarezza.

Il Network Marketing, chiamato anche **Multi-Level Marketing** o **marketing della segnalazione** è un metodo di distribuzione di beni e servizi che ha la finalità di permettere a chiunque di diventare un distributore e di creare altresì una rete di distributori senza consistenti investimenti in denaro.

Oggi, sempre più aziende scelgono il network marketing perché rappresenta il sistema distributivo che più si adatta all'economia 4.0 che stiamo vivendo. Tagliando i costi di pubblicità e distribuzione, tali aziende hanno più soldi per creare prodotti e/o servizi che si distinguono per qualità.

In questo modello di business, infatti, **i prodotti vengono pubblicizzati e venduti tramite il passaparola.** Ognuno ha la possibilità di diventare un distributore dei prodotti o dei servizi dell'azienda e guadagnare su quanto venduto. Ciascun distributore può far aderire a tale sistema altre persone che diverranno, a loro volta, nuovi distributori. In questo modo, ogni distributore-sponsor guadagna non solo una commissione su quanto da lui venduto direttamente, ma anche una percentuale (definita nel piano compensi dell'azienda) su quanto venduto dalla propria rete di distributori. Da qui il termine network ossia "rete di lavoro".

Mentre il fattore tempo ha un limite, perché nessuno può lavorare 30 ore al giorno, il numero di persone che possono utilizzare il sistema distributivo del network marketing è infinito e quindi la tua leva di guadagno potrebbe essere di migliaia se non milioni di clienti. Ovviamente tale leva non ti viene regalata, devi costruirtela.

Attenzione però, nel network marketing i distributori non sono dei semplici venditori (come ad esempio gli agenti di commercio), ma dei veri e propri imprenditori che gestiscono la produzione di decine o centinaia di collaboratori. Come già detto, infatti, grazie al network marketing è possibile creare grandi reti di distributori che, se ben gestite, possono generare considerevoli entrate automatiche, **puoi fare carriera e costruirti una vera e propria rendita senza limiti grazie alle provvigioni che generi dal tuo lavoro e da quello della tua rete** (il tuo "team").

> *"Meglio guadagnare l'1% degli sforzi di 100 persone che il 100% dei miei sforzi"* P. Getty

Il costo di esercizio per l'attività di Network Marketing è infinitamente più basso rispetto a quello che un imprenditore deve sostenere con un'azienda tradizionale, di solito in alcune aziende è necessario fare degli ordini periodici (autoconsumo) oppure acquistare un kit iniziale di prodotti. Non ci sono dipendenti, magazzini, gli unici costi sono quelli degli spostamenti, eventuali corsi di formazione, uno smartphone ed un computer. Ne consegue che il **rischio** è praticamente bassissimo, quasi nullo.

Ma i vantaggi del Network marketing non sono solo questi. Si tratta di un **sistema distributivo che non ha confini, nessuna limitazione territoriale.** Puoi vendere i tuoi prodotti o i tuoi servizi in tutto il mondo, creare reti distributive in ogni Paese in cui l'azienda di network è presente. Inoltre, occorre evidenziare che il network marketing, soprattutto in Italia, gode di importanti **benefici fiscali** grazie ad apposite normative che regolano il settore.

Nel nostro Paese, ad esempio, l'imposizione fiscale è circa del 18 %, di gran lunga più bassa rispetto a quella dei lavoratori dipendenti o dei "liberi" professionisti.

A differenza di quello che pensano in tanti, il network marketing è un **sistema molto meritocratico**: solo chi produce risultati va avanti, e sappiamo bene che nelle aziende tradizionali spesso non è così.

Nelle aziende tipiche ci sono strutture ben definite sia a livello gerarchico che economico: titolare che guadagna più del direttore; direttore che guadagna più del manager; manager che guadagna più del dipendente e così via. Questa struttura raramente subisce variazioni. Ciò comporta, di conseguenza, che un operaio che lavora in una qualsiasi azienda (a meno di qualche caso isolato) non ha nessuna chance di guadagnare quanto percepisce il proprio amministratore.

Nel mondo del network marketing, quello serio, quello che rispetta la normativa di settore vigente, viene imposta l'assoluta meritocrazia matematica sui compensi generati, in modo tale da non cadere in schemi ponzi o strutture piramidali illegali. Tutti i benefici economici, gli avanzamenti di carriera, i bonus ed i premi nel mondo del network marketing sono dovuti a parametri meritocratici.

Proprio per questo non conta il numero di persone che entrano in attività con te, ma solo la produzione che generi con la tua rete. Di conseguenza, se produrrai di più di quelli che ti hanno coinvolto nell'attività, guadagnerai più di loro, superandoli in carriera.

Nel network marketing c'è davvero la possibilità di poter arrivare ai vertici, ma questo dipende solo ed esclusivamente dai risultati. Realtà molto distante rispetto al mondo del lavoro classico, specie in Italia, dove molto spesso la meritocrazia manca in modo assoluto.

Per tutti i motivi sopra menzionati oggi sempre più persone abbracciano questo modello di business, molti come secondo lavoro. C'è chi lo fa per avere la possibilità di raggiungere guadagni illimitati, chi invece solo allo scopo di diversificare le proprie fonti di reddito e liberarsi un po' dalla morsa del tempo, dalla noia della *routine*, dalla sensazione di girare a vuoto senza trovare una via d'uscita ma anche per "salvaguardarsi", consapevole che il sistema previdenziale italiano avrà difficoltà a garantire la pensione alle prossime generazioni[16].

> *"Se avessi la possibilità di iniziare di nuovo tutto, sceglierei senza dubbio il network marketing"* B. Gates

Ma se è così bello perché allora non lo fanno tutti e

---

[16] L'INPS prevede che la pensione di chi è nato dal 1980 al 2000 sarà del 25 % inferiore a quella che percepisce chi è nato nel 1945 e oggi ha 70 anni, tenendo conto anche del fatto che l'assegno sarà percepito per molto meno tempo

soprattutto, perché tutte le persone che fanno network marketing non diventano milionarie? Perché è un business semplice, non facile. D'altronde si chiama **net-work** e non **net-game...**. È un business per tutti, ma non lo è per chi non ha voglia di formarsi e diventare imprenditore di sé stesso. L'attività di network marketing, soprattutto all'inizio, è un lavoro e come in ogni altro lavoro ha delle regole e dei principi che se non vengono applicati non porteranno mai a dei risultati.

Non è colpa del mercato, del luogo, dell'azienda che scegli e non è neanche colpa del sistema. Non è un gioco, ma una professione a tutti gli effetti e come tale va trattata. I guadagni sono proporzionati a quello che si sviluppa, non sono frutto del tempo impiegato, è necessario formarsi e fare esperienza ogni singolo giorno. Hai mai visto qualcuno andare in palestra una sola volta e ottenere subito risultati? Ecco, con il network marketing funziona allo stesso identico modo.

Purtroppo, la maggior parte delle persone che sposa questo modello di business non lo fa perché insegue il sogno di conquistare l'indipendenza economica ma solo per fare soldi. Non che ci sia nulla di male, tuttavia nel network soltanto questa motivazione non è sufficiente per avere successo. Spesso, in molti network ed in molti team, esiste solo una grandissima spinta commerciale nel tirare dentro nuovi distributori, quanti più possibili, in modo estremamente veloce. Se le persone non ci mettono il loro impegno continuativo, se pensano ai soldi facili o che il network marketing sia come giocare all'Enalotto o avere la Ferrari dopo 6 mesi, a farli fuori sarà semplicemente il mercato.

Queste persone, infatti, non iniziano un vero business,

ma si limitano a comprare un "biglietto alla lotteria". In altre parole, non abbracciano una professione, ma sperano semplicemente di avere fortuna, facendo iscrivere qualche familiare o amico per coprire i loro costi iniziali, salvo poi sedersi comodi sul divano ad aspettare che i soldi cadano dal cielo... Se i soldi non arrivano a stretto giro, si scoraggiano e mollano, uscendo dall'organizzazione. Decidono così di stracciare il "biglietto" acquistato ed invece di assumersi la responsabilità per non aver avviato correttamente il proprio business, incolpano l'intero sistema distributivo e l'azienda denigrandola.

Un copione universale che si ripete da sempre in tutte le parti del mondo. D'altronde, il fascino di essere pagati per il lavoro altrui è allettante, ma spesso è malinteso.

Così, tutto si trasforma nell'ennesima opportunità persa.

> *"I networker che faranno consulenza e non vendita selvaggia domineranno il mercato di domani"* E. Pisani

Bada bene, non tutte le società di network sono buone, alcune falliscono proprio come falliscono le aziende tradizionali. Per questa ragione, se decidi di sposare questo modello di business, ti consiglio di scegliere un'azienda presente sul mercato da almeno 10 anni dato che, in genere, la maggior parte non riescono a superare i 5 anni di vita.

Un'azienda che abbia quindi una storia solida alle spalle, che sia strutturata, che abbia un piano compensi sostenibile e meritocratico, che operi in un **mercato attuale,**

ma che sia fortemente proiettata verso il futuro dei consumi, beni o servizi il cui mercato è in espansione, in linea con le tendenze del momento, altrimenti, a prescindere dal lavoro impiegato, avrai perso in partenza.

Se poi sei un imprenditore, un professionista o uno studente che sta per laurearsi e proprio non ti vedi a promuovere prodotti quali integratori alimentari, caffè, succhi di frutta o qualsiasi altra cosa che non ti senti di proporre alla tua potenziale platea di consumatori, puoi sempre prendere in considerazione network di servizi, magari innovativi, che si legano bene al mondo della piccola media impresa. Una volta individuata l'azienda, verificato il piano compensi, trova persone che ti insegnino le basi e gli strumenti. Questi ti saranno utilissimi non solo nel business in sé, ma anche nella vita. Chi è coinvolto in questa attività ha una serie di caratteristiche: vuole aiutarti ad ottenere successo perché dai tuoi risultati dipendono anche i suoi. Quale migliore opportunità di avere successo se non quella di avere persone sinceramente interessate a farti migliorare? Il networker professionista ama insegnare ed imparare. Per questo, ti consiglio di stare in contatto solo con persone che ottengono risultati. Il segreto, infatti, è replicare il lavoro di chi ha già avuto successo.

Sembrerebbe tutto perfetto, ma così non è... Il network marketing è pur sempre un modo nuovo di concepire il lavoro e l'inesperienza induce a commettere qualche errore. Le difficoltà sono da mettere in conto, soprattutto nella fase iniziale. Per poter vivere di rendita tramite il network devi lavorare duramente sulla creazione della tua rete che dovrà essere seguita e formata adeguatamente.

Inoltre, c'è un problema che devi accettare ovvero la

temporanea perdita di reputazione da parte delle persone che non conoscono o sottovalutano questo modello di business. Crederanno che tu sia matto, ti diranno che ti stanno facendo il lavaggio del cervello, che dovresti vedere risultati veloci, che stai perdendo tempo... Se credi che questo possa essere un peso troppo grande da gestire, allora, con molta onestà, ti dico che il network marketing non fa per te. Ma se pensi di poterci convivere, se la concepisci come una professione vera e propria, riuscirai in poco tempo, con impegno e perseveranza, a fare carriera e crearti una rendita passiva svincolata dal tempo.

> *"Il network marketing è una sfida, è un'esperienza emozionante. Gli alti e i bassi possono essere drammatici. Ma alla fine, per un'infinità di ragioni, ne vale la pena"* E. Worre

Personalmente credo che questo modello di business continuerà a crescere in maniera esponenziale perché offre inedite possibilità di raggiungere la libertà finanziaria in quanto consente di avere il controllo sulla propria vita, la libertà di decidere i tempi, di allevare i figli senza rinunciare a guadagnare. Non sei obbligato a lasciare il tuo attuale lavoro, ma ti dà la possibilità di farlo abbracciando una vita di totale libertà.

In ogni caso, l'aspetto maggiormente positivo resta comunque l'ambiente! Il network marketing è, infatti, una delle migliori scuole di successo che esistano, **un'ottima "palestra" di crescita personale**. Troverai persone che cercano di raggiungere la libertà finanziaria e che si impegnano ogni giorno per realizzare i propri sogni invece che stare con le mani in mano a lamentarsi.

Sicuramente, imparerai ad affrontare le tue paure, a superare il rifiuto, a comunicare, a risolvere i problemi, a nutrire la tua mente di positività e a difenderla dalle negatività, a vendere, a diventare più forte, a gestire i collaboratori, a diventare un leader.

Per poche centinaia di euro avrai un piano da seguire per costruire il tuo business. Inoltre, troverai l'esperienza, le conoscenze, la saggezza e l'aiuto nei momenti difficili da parte chi ha già messo in piedi con successo una propria rete di network. E questo, ti assicuro, vale molto di più di tutti i soldi che potrai guadagnare nell'arco di una intera vita.

7.9 <u>Considerazioni</u>

Spero che tutti questi suggerimenti siano stati utili e che tu adesso abbia le idee un po' più chiare sul sistema da adottare per avviare il tuo percorso verso la libertà. Abbiamo, infatti, visto i principali sistemi che consentono di raggiungere la libertà finanziaria analizzandone i *pro* e i *contro*, constatato che il reddito passivo non è del tutto "passivo" poiché, come più volte ripetuto, soprattutto all'inizio dovrai lavorare duramente per ottenerlo.

Ricorda però di non correre dietro ad ogni opportunità perché rischi di fare solo confusione e perdere di vista l'obiettivo oggetto del tuo focus. Impara a gestire i rischi, anche quelli minori, altrimenti non riuscirai mai a individuare le opportunità che ti si presenteranno nel corso della vita. Non puoi, infatti, affrontare tutte le sfide contemporaneamente, ma puoi sceglierne qualcuna che ti entusiasma particolarmente e che pensi di poter vincere.

Calcola sempre in via preliminare la bontà di un investimento. Per questa ragione, ti consiglio di valutare sempre:

- Il capitale necessario ed i relativi tempi di investimento delle somme;
- Il ritorno del capitale investito (rendimento %) ed i tempi di incasso dei "frutti";
- Il rischio di fallimento e la possibilità di perdere il capitale investito.

Un'idea è sempre inefficace se non è supportata da pianificazione, sacrificio e azioni costanti per molto tempo.

Pertanto, prima di ogni cosa, **investi su te stesso per acquisire le competenze necessarie** poiché più aumenterai le tue conoscenze più sarà facile crescere e limitare i rischi. **Devi aggiungere valore a te stesso perché il denaro non è la ricompensa per il tempo che impieghi, ma il corrispettivo per il valore che sai offrire**. In sostanza, se vieni pagato poco la responsabilità non è del capo, della società, della famiglia, del mercato ma solo tua perché loro non hanno il controllo sul tuo valore, tu sì.

"Avete tentato e avete fallito. Non importa. Tentate ancora. Fallite ancora. Fallite meglio" S. Beckett

Nessuno è infallibile, tutti abbiamo commesso errori, io

personalmente sono cintura nera di errori. Ma ho imparato che non fallisce chi sbaglia bensì chi non approfitta dei propri errori per imparare qualcosa di nuovo e migliorarsi. Mancare un obiettivo non significa che sei un perdente, vincere non vuol dire soltanto battere i propri avversari o concorrenti, ma anche superare i propri limiti o risolvere delle difficoltà per sé stesso o per altri. Perché **le delusioni e le sconfitte insegnano molto più delle vittorie**, fanno parte del naturale processo di crescita. E quando si perde, non bisogna mai scaricare la colpa a terzi o a circostanze esterne, ma assumersi le proprie responsabilità ed ammettere i propri errori. Chi non ha mai fallito non ha ottenuto alcun risultato perché ha sempre giocato sul sicuro.

Purtroppo, bisogna constatare che il mondo imprenditoriale italiano è fortemente influenzato da una cultura che denigra e stigmatizza il fallimento. Hai mai fatto caso che non si dice "hai fallito!" ma "è fallito!" o, peggio ancora, "è un fallito!"?

Negli U.S.A., invece, i fallimenti sono visti più che altro come una specie di medaglia al valore: se non hai fallito significa che hai fatto solo cose ovvie e l'"ovvio" non porta mai a successi altrimenti l'avrebbe già fatto qualcun altro. Ci sono addirittura alcune startup in *Silicon Valley* che non accettano un nuovo CEO che non abbia almeno un fallimento alle spalle. Se non è sopravvissuto ad un fallimento come si fa a sapere se riesce a gestire situazioni di forte stress e a rinascere più forte?

Ricorda sempre che nel business non serve avere una grande idea. La gente spesso pensa *"se avessi avuto quella idea a quest'ora sarei già ricco…"*. Niente di più errato! Per molti anni Mark Zuckerberg è stato accusato di aver copiato

160

un'idea grazie alla quale è diventato una delle persone più ricche al mondo. Ma non sono le idee che contano bensì la loro esecuzione, persone che sviluppano la loro insaziabile motivazione intrinseca per far funzionare a qualunque costo un progetto che sta loro a cuore. Questo è ciò che fa la differenza.

Se non subentrano questi fattori, l'idea svanisce e rimane un sogno irrealizzato che qualcun altro prima o poi concretizzerà, con cui ti arrabbierai accusandolo di avertelo sottratto.

> *"Non c'è un ascensore per il successo. Ci tocca fare le scale"* Z. Zagler

Nessuno nasce supereroe, tutti abbiamo le nostre debolezze, sarà dura mantenere la concentrazione e l'impegno quando tutti cercheranno di distrarti, ma sono quelli i momenti che fanno la differenza. Se vuoi affermarti in qualsiasi campo, dovrai essere capace di saper reggere la pressione.

Prima passi all'azione, prima fai esperienza, più ti migliori. Segui sempre questo schema: **impara — agisci — ripeti!** È la ripetizione giornaliera che porta al risultato, molti sono ottimi partenti, ma rari quelli che sanno completare il percorso. Sebbene tu abbia contro tutto e tutti, fai della perseveranza il tuo faro.

> *"Fa più strada uno scemo che corre rispetto ad un genio che sta fermo"* G. Spadoni

Non fidarti però solo sulle tue capacità e sul tuo talento, ma **segui un mentore di cui hai imparato a fidarti**, una guida, una persona che ha già avuto successo in quel determinato campo. Lui conosce la strada, può aiutarti ad evitare gli errori che altrimenti faresti.

Devi sempre pensare "se ce l'ha fatta lui, posso farcela anche io". Osserva pertanto come parla, come stringe la mano, come si siede, come si veste, come pone domande, come risponde, come gestisce il tempo e le emozioni. Tutto questo ti aiuterà a capire il suo pensiero e favorire cambiamenti significativi all'interno del tuo modo di essere e agire di conseguenza.

> *"Come raggiungere un traguardo? Senza fretta ma senza sosta"* J.W. Goethe

Se vuoi affermarti, in qualunque settore o attività, **non puoi mai rinunciare, non puoi mai abbandonare l'impresa**. Quante volte ti sarà capitato di voler ottenere qualcosa a tutti i costi ed hai lottato con il coltello tra i denti per raggiungere quel risultato nonostante le circostanze fossero avverse? Vincere una competizione sportiva, conquistare il cuore di una ragazza, superare un esame...

Al riguardo, voglio raccontarti una storia.

Quando frequentavo l'università, in vista degli esami, ero solito studiare con dei colleghi in qualche aula della facoltà, una di quelle polverose e con poca luce dove però gli studenti possono beneficiare dell'aria condizionata per non patire l'afa della città. Puntualmente, dopo una settimana c'era il primo collega che mollava; alla seconda ce n'era un altro che tirava fuori la scusa dell'imprevisto che non gli consentiva di avere la concentrazione necessaria; alla terza settimana c'era quello che rinunciava perché non si sentiva "pronto", preferendo rimandare tutto all'appello successivo.

Io non sono mai stato un secchione, faticavo a studiare e non ho mai avuto alcun talento particolare. Però sapevo, in cuor mio, che dovevo farlo perché quello rappresentava il mio "lavoro".

Quindi, ogni volta, nelle ultime due settimane precedenti alla verifica, mi armavo di sana pazienza e di una dose massiccia di forza di volontà, studiavo fino a tarda notte, la mattina ero un zombie, saltavo i pasti, era uno stress continuo ma... il fatto di non arrendermi come facevano tutti gli altri mi ha consentito di non saltare mai un appello, di superare brillantemente ogni esame e fortificare la mia personalità. Questa storia non per dirti quanto sono stato forte e figo, ma semplicemente per farti capire che qualunque cosa di importante tu faccia, non puoi mai mollare. Per avere successo è fondamentale essere tenaci, non cedere, non darsi mai per vinti.

Non ti sto dicendo che è facile anzi, ti garantisco che non lo è per nulla, soprattutto se non hai il supporto delle persone vicine. Tutti abbiamo i nostri momenti di *down* quando subentrano risultati negativi. Anche io tante volte ho pensato, tra me e me, che ero solo un fallito che si illudeva di diventare libero finanziariamente. Ma se oggi sono quello che sono, nel bene e nel male, è perché nei momenti di difficoltà sono comunque andato avanti e non ho mai mollato.

> *"Non mollare è un cromosoma silenzioso e paziente che hai dentro, non è una frase urlata per far scena. Devi mostrare la pagella del tuo risultato. Comunque vada a finire avrai vinto tu perché il premio non è il successo ma la persona che diventerai, una persona abituata a non mollare, abituata a tenere duro anche nelle peggiori situazioni"* M. Montemagno

Quando non si raggiungono gli obiettivi prefissati, c'è sempre chi molla e chi, invece raddoppia gli sforzi per trovare soluzioni.

Non dimenticare mai che J.K. Rowling, colei che ha dato vita alla saga di Harry Potter e che oggi vanta un patrimonio economico di dimensioni impressionanti, all'inizio della sua carriera da scrittrice, non era riuscita a convincere alcuna casa editrice per pubblicare la sua opera. Ha proposto il suo primo libro incentrato sulle storie del mago di Hogwarts ad un editore salvo ottenere un secco "no grazie, non mi interessa". Stessa cosa per la seconda, terza, quarta e così via... fino ad arrivare al dodicesimo editore che ha deciso di darle fiducia, ma solo grazie ad una conoscenza che avevano in comune. Sì, hai capito bene, la Rowling (una delle scrittrici più ricche e di successo dell'età contemporanea) prima di riuscire a trovare qualcuno che credesse minimamente in lei, ha dovuto subire ben undici rifiuti da case editrici maggiori.

Dopo ogni singolo rifiuto, la Rowling si sarà sentita sempre più una fallita, una perdente che non aveva prospettive nel mondo della scrittura (la sua più grande passione). Ma sai perché alla fine ha vinto? Perché non ha mollato. Ha creduto così tanto nel suo prodotto e nelle sue capacità che alla fine, dopo tante delusioni e periodi neri, è riuscita a trovare qualcuno che investisse su di lei. Ed il finale lo conosciamo tutti.

Non avere allora fretta di vedere subito il risultato finale, raramente è possibile bruciare le tappe e arrivare in fondo velocemente. C'è un tempo per dare ed uno per ricevere, c'è un tempo per seminare ed uno per raccogliere. I risultati all'inizio saranno invisibili, magari tarderanno ad arrivare, avrai l'impressione di girare a vuoto, vorrai mandare tutto a gambe all'aria, ma alla fine riuscirai ad ottenere ciò che desideri.

Ricordati però di rimanere aggiornato sulle trasformazioni del mercato perché il passo falso è sempre in agguato e non puoi permetterti di perdere soldi o di lasciar sfuggire un affare redditizio solo ed esclusivamente perché lo hai sottovalutato o non ti sei informato per tempo.

Infine, non dimenticarti mai delle persone perché sono la nostra maggiore risorsa. **Coltiva rapporti e relazioni incredibilmente forti** perché da soli difficilmente riusciamo a concludere qualcosa nella vita. Non erigere muri nei rapporti interpersonali, ma costruisci "ponti" poiché tutti abbiamo bisogno degli altri e delle loro abilità specifiche per raggiungere i nostri obiettivi. Le persone, infatti, vengono sempre prima di qualunque cifra si possa guadagnare.

CAPITOLO 8

TIME

"Il vostro tempo è limitato, per cui
non lo sprecate vivendo la vita
di qualcun altro"

S. Jobs

TIME

Fin da bambini siamo portati a credere che i soldi facciano la felicità. Riversiamo il nostro desiderio di sentirci bene sugli oggetti, come se fossero effettivamente l'origine del benessere.

Cresciamo convinti che le cose ci rendano felici e, di conseguenza, diventiamo ossessionati dal denaro. Perché senza denaro, non possiamo acquistare tutti quegli oggetti che vediamo dappertutto: in televisione, sui social network, sui giornali, indosso alle persone famose e sorridenti.

Così ci convinciamo che il denaro sia il bene più prezioso ed iniziamo a giudicare gli altri in base a questo parametro (più ne hai, più vali). Il problema è che tutti noi, prima o poi, ci ritroviamo in un punto della nostra vita nel quale il denaro non conta assolutamente niente. E quando ci arriviamo, ci rendiamo conto che c'è un bene molto più prezioso: il tempo.

"Non ho tempo!". Quante volte ti sei sentito ripetere questa frase da qualcuno quando hai provato ad organizzare una cena, una partita a calcetto, un evento...? Magari lo hai detto anche tu tante volte per giustificare un'assenza, per rimandare qualcosa, perché non hai avuto il coraggio di dire "no".

La verità è che si tratta solo di una convinzione limitante frutto della nostra mente, una scusa che diamo agli altri, ma soprattutto a noi stessi. Semmai abbiamo delle "priorità", ma **il tempo è la cosa più democratica che esista.**

Si può sempre trovare un modo per aumentare il proprio denaro o i propri beni, **ma non c'è nessun modo per aumentare il proprio tempo a disposizione** e sinceramente credo che nella nostra esistenza non ci sia niente di così "giusto" ed imparziale quanto il tempo.

Nella vita, infatti, c'è chi ha più o meno opportunità, più o meno soldi, più o meno fortuna, però tutti quanti abbiamo lo stesso identico ammontare di tempo: 24 ore al giorno, cioè 1.440 minuti, 86.400 secondi, non uno di più e non uno di meno, sia che viviamo in Italia, in Nuova Zelanda o alle Hawaii!

Il tempo è la risorsa più preziosa della nostra epoca, è quella moneta che non torna più indietro. L'idea che la felicità sia legata al denaro, si basa su un'altra grande illusione. Tutti invidiano i ricchi, ma per il motivo sbagliato. Crediamo di ammirare le loro vite per i soldi che hanno in banca, in realtà non è così: ciò che invidiamo è il tempo che hanno a disposizione. Non serve infatti a nulla ottenere ricchezza, avere opulenza finanziaria se poi si rimane schiavi e vittime del proprio tempo.

Sembra scontato, vero? Eppure non lo è. Pensaci: fin da piccoli siamo stimolati a inseguire tante cose, ma non il tempo. Ci viene detto di studiare per ottenere un lavoro che ci piace, solo che non scegliamo il lavoro che più gratifica, ma quello che paga meglio.

E mentre insegui il denaro, il tempo passa inesorabile. Le giornate filano via senza lasciare traccia. Sono tutte maledettamente uguali, perché si basano su attività ripetitive: ogni giorno ti rechi in ufficio e ripeti sempre le stesse azioni. Giorno dopo giorno, decennio dopo decennio.

Ci sono persone molto fortunate, che adorano il proprio lavoro. In loro ho sempre visto una felicità rarissima: quella di occupare il proprio tempo e guadagnarsi da vivere facendo ciò che si ama. **La stragrande maggioranza degli esseri umani, però, non è felice del proprio lavoro.**

Tanti si svegliano ogni mattina con il malumore e si presentano in ufficio nervosi. Quando capiscono di essere insoddisfatti, hanno una sola possibilità per tirare avanti e anestetizzare la mente.

Uno dei più grandi paradossi dei nostri tempi risiede nel pensiero fisso di milioni di persone quando sono sul posto di lavoro: *"Spero che oggi il tempo passi in fretta…"*.

Non è forse assurdo? Come si può sperare che l'unico bene impossibile da recuperare o acquistare finisca velocemente? Sembra pura follia, eppure, quando si è accecati dall'idea di guadagnare soldi, anche questo ragionamento appare sensato.

Quante persone conosci che pur guadagnando delle cifre importanti con la propria attività o professione non riescono a vivere perché imprigionate dal proprio lavoro?

Come è solito ripetere Alfio Bardolla – il più importante coach finanziario in Italia – il lavoro che ci hanno insegnato, quello tradizionale imposto dalla società in cui viviamo, altro non è che **una forma di baratto moderno in quanto non facciamo altro che scambiare il nostro tempo per denaro**. Ma sei proprio sicuro che questo sia uno scambio equo? Puoi avere tutti i soldi che vuoi, ma a cosa ti servono se non riesci a spenderli? Mi chiedo che senso ha lavorare duramente se poi non hai la possibilità di coltivare le tue passioni, vedere crescere i tuoi figli, farti una vacanza? Dopo 8-10 ore di lavoro, più le ore necessarie per gli spostamenti casa-ufficio, non restano molte energie per dedicarsi a quello che piace davvero. Certo, ci sono sempre i weekend e le due settimane di ferie l'anno, ma se ci pensi bene sono solo una magra consolazione perché il tempo che ti rimane è poco, anzi pochissimo.

Ti senti davvero "libero"? Quanto tempo rimane per te? Quante volte hai pensato di stare sprecando momenti della tua vita che nessuno ti restituirà? Non c'è niente di peggio che raggiungere dei grandi risultati professionali e poi perdere o sacrificare sé stessi ed i propri affetti. Che senso ha aumentare il fatturato, ma perdere famiglia o amici? Può davvero definirsi "successo" quello che ti porta a vivere una vita piena di stress, che ti consuma poco per volta senza mai concederti il benché minimo tempo per te stesso? A cosa serve vivere costantemente sotto pressione e magari non accorgersi che i nostri figli e il nostro partner hanno veramente bisogno di noi?

Il denaro, di per sé, non rende felici. Se lo crediamo è perché ci siamo fatti convincere che avere tanti soldi significhi avere più tempo da dedicare a noi stessi, ai nostri cari e alle nostre passioni. In realtà la felicità si trova ben lontana dalla superficialità del materialismo.

La felicità è nelle emozioni, non nelle cose. La felicità è nel tempo, non nel denaro. Un'esistenza vissuta a pieno non è quella di chi passa cinquant'anni rinchiuso in quattro mura a digitare cifre di fronte a uno schermo. Quando vai in pensione e sei privo di forze, non saprai che fartene di tutti i soldi accumulati.

Ciò che ti serve davvero è il tempo. Il tempo di viaggiare, esplorare, conoscerti, innamorarti, sentirti pieno di vita. Il tempo è il bene più prezioso che abbiamo e dovremmo dargli la nostra priorità.

"Quando compro qualcosa, o tu compri qualcosa, non lo stiamo comprando con il denaro, ma lo stiamo comprando con il tempo della nostra vita che abbiamo speso per guadagnare quei soldi, con una differenza: l'unica cosa che non si può comprare è la vita, la vita si esaurisce. Ed è terribile sprecare la propria vita per perdere la libertà " P. Mujica

Quello che ho capito incontrando sulla mia strada molti folli e sognatori, è che il vero scopo della vita non può mai essere il semplice arricchimento monetario. Ciò che ci farà sorridere, da anziani, sarà guardarci indietro senza rimpianti, ma con il cuore pieno di ricordi meravigliosi.

Recentemente uno studio ha rivelato che una delle paure più grandi delle persone è quella di arrivare alla fine della propria vita e avere dei rimpianti. Noi non possiamo acquistare tempo supplementare, ma abbiamo la possibilità di comprare la libertà di disporre del nostro tempo, il cui valore è inestimabile perché quando lo perdiamo non può tornare indietro, che sia un'ora o una vita intera. Esso consuma tutto ad una velocità impressionante e l'errore più grande è che ce ne rendiamo conto sempre troppo tardi, dimenticandoci che stiamo bruciando una risorsa preziosissima, la più importante che esista in natura. **Perché lo sai benissimo, potrai sicuramente avere più soldi, lavorando 8/10 ore al giorno per 40 anni, ma non potrai mai avere più tempo.**

Purtroppo non ci è dato sapere quanto tempo abbiamo a disposizione, ma possiamo scegliere come trascorrerlo. Allora immagina che il tempo sia un gioco: ogni giorno hai una nuova opportunità per lasciare un segno, investendo il tuo tempo in modo intelligente, nelle cose in cui credi, in ciò che ti piace fare o nelle persone che ami. Proprio come hanno fatto Cristoforo Colombo, Albert Einstein, Abramo Lincoln, Nelson Mandela, Madre Teresa, Steve Jobs e molti altri ancora... persone che hanno cambiato il mondo pur avendo a disposizione il nostro stesso tempo. Se c'è chi, con le stesse 24 ore a disposizione è riuscito o riesce a produrre 10 volte tanto quello che fa la maggior parte delle persone e a godersi la vita di più, vuol dire che il problema non è la quantità di ore, ma saperle usare al meglio.

Per questa ragione ti dico di non smettere mai di studiare, fai domande, dubita di chi non dubita, sii curioso perché chi coltiva il sapere non è mai solo... D'altronde, l'evoluzione dell'essere umano altro non è che il frutto di una perenne curiosità, interrogativi continui che da sempre hanno spinto alcuni uomini ad andare fuori dagli schemi, a superare i propri limiti.

> *"Considerate la vostra semenza: fatti non foste a viver come bruti ma per seguir virtute e canoscenza"* Dante Alighieri

Devi capire che **non c'è grandezza senza una passione per cui essere grandi**, che sia l'aspirazione di un atleta, un artista, uno scienziato, un genitore o un uomo d'affari. Fare tanto solo per dire "c'ho provato" non serve a nulla... Serve passione perché è quell'ingrediente magico che ti dà la forza di portare a termine qualsiasi sforzo. Anche persone mediocri possono arrivare al successo spinte da una forte passione poiché questa è sempre più importante dell'intelligenza o del talento.

Metti dunque da parte ogni considerazione razionale e vedrai che scoprirai ciò che ti farà perdere la cognizione del tempo, quello che ti darà un grande senso di realizzazione e ti farà sentire appagato. Se c'è qualcosa che ami è più che probabile che ti riesca bene, facile, naturale, e allora può darsi che diventerai uno dei migliori in quel campo, proprio perché ci dedicherai così tanto tempo da acquisire competenze che tutti gli altri non hanno. Non riuscirai a dormire la notte perché al risveglio avrai qualcosa da fare che ti entusiasma, non sarai mai disposto a mollare l'impresa ed anche se a volte avrai la tentazione di farlo, continuerai sempre a riprovarci.

> *"Nella mia vita ho sbagliato più di novemila tiri, ho perso quasi trecento partite, ventisei volte i miei compagni mi hanno affidato il tiro decisivo e l'ho sbagliato. Ho fallito molte volte. Ed è per questo che alla fine ho vinto tutto"* M. Jordan

Se non hai una visione di dove stai andando, se non hai un traguardo da raggiungere, allora vagherai sempre senza avere mai una meta. Non importa quello che fai nella vita, ma devi avere sempre uno scopo. Le persone mettono sempre in preventivo il "Piano B" perché hanno paura di fallire. Non avere paura di perdere, corri il rischio, inizia a pensare fuori dagli schemi e sogna in grande. Poniti sempre obiettivi di vita, obiettivi annuali, mensili, giornalieri. Per raggiungerli servono coerenza, disciplina e prospettiva, devi lavorare ogni giorno, pianificare bene perché se pianifichi male non stai facendo altro che pianificare il tuo fallimento.

Se il primo progetto non funziona a dovere, non piangerti addosso, ma rimpiazzalo con uno nuovo; e se anche questo fallisce, ideane un terzo e così via fino a trovare un piano che garantisce un esito positivo. E ricorda che non puoi aggirare il duro lavoro, **devi sempre pagare il prezzo**! Pensaci bene, tutto ciò che hai fatto nella vita che ti ha dato soddisfazione, non ti è stato regalato, ma l'hai ottenuto con fatica. Per questo è stato ancora più bello e gratificante.

> *"Il mondo non si divide tra vincenti e perdenti, ma tra brave e cattive persone. Poi tra le cattive persone ci sono anche dei vincenti e, purtroppo, tra le brave persone ci sono anche dei perdenti"* J. Velasco

Ogni volta che avrai bisogno di qualcosa, dai quel poco che hai a disposizione e vedrai che ne sarai ricompensato a bizzeffe. Nel momento in cui programmerai il tuo cervello ponendo al centro di tutto il servizio, l'utilità, l'aiuto (senza riserve) che puoi offrire, ecco che allora le persone riconosceranno il tuo valore. **Il segreto è sempre quello di "dare prima di ricevere"**, a prescindere da quello che ti puoi aspettare come contropartita.

Non è detto però che se darai qualcosa a qualcuno sarà proprio quella persona a contraccambiare. Potrà essere che riceverai benefici da un'altra fonte, magari a te sconosciuta. Ma stai certo che tutto ciò che darai incondizionatamente ti tornerà indietro. È garantito, è una specie di "karma", una regola dell'universo.

> *"La vita è un business che deve finire in rosso: deve essere più quello che diamo di quello che riceviamo"* P. Crepet

Ognuno di noi ha la possibilità di reinventarsi. Se la tua vita non è quella che desideri, non aver paura di chiederti se stai facendo ciò che vuoi o ciò che ti si addice. Certo, ci vuole anche un pizzico di fortuna, ma se ad un certo punto ti rendi conto di non essere felice, devi fare di tutto per concedere a te stesso una seconda possibilità. Non ti puoi nascondere se sei nato per emergere, **non è mai troppo tardi per iniziare o ricominciare**.

Basta lamentarti, piantala di parlare e non fare nulla, non lavorare più un sacco di ore per pochi euro. Non devi far altro che colmare il gap tra dove sei ora e quello che vuoi raggiungere. Ti serve solamente un sogno grande e la convinzione di realizzarlo. Più grande sarà il tuo piano, maggiore sarà la tua motivazione e avrai energia da vendere.

Attenzione però: sognare in grande non significa spararla più grossa, bisogna sempre essere realisti! Non andrai da nessuna parte senza grandi sogni, ma devi altresì avere il coraggio di trasformarli in realtà. C'è chi ci riesce perché ha delle qualità innate, altri perché usano la disciplina e la determinazione per sconfiggere i pronostici.

La comodità è un grande nemico della crescita

personale e finanziaria. Tutto quello che è comodo oggi sarà un problema domani. Se ti limiti a vivere nella tua zona di comfort non potrai emergere, se sprechi le tue ore in attività non produttive non avrai mai l'opportunità di fare qualcosa per dare un senso alle tue giornate, se continui a seguire il manuale di istruzioni che la società ci impone non realizzerai mai i tuoi sogni. D'altronde, se rinunci ai tuoi sogni, cos'altro ti rimane?

> *"Un vincitore è solo un sognatore che non si è mai arreso"* N. Mandela

Proprio per questo ti dico che non importa quale sia la tua età, confrontati sempre con i tuoi sentimenti, le tue ambizioni, i tuoi obiettivi e non quelli di qualcun altro. Non hai bisogno dell'approvazione di nessuno, solo tu sai cosa sia giusto o sbagliato. Scegli come sia meglio guadagnarti da vivere anche se questo potrebbe significare mettersi contro partner, parenti, colleghi e amici che pensano di sapere cosa sia meglio per te.

Non puoi pretendere di fare sempre le stesse cose ed aspettarti risultati diversi. Hai già atteso molto tempo, rimandato sin troppe volte... Cosa stai ancora aspettando? Il momento non potrà mai essere quello "giusto", non sprecare la tua vita riducendola ad una mera sommatoria di giorni, non stare fermo a sperare perché **la speranza non è mai una strategia.**

Adesso è arrivato il momento di iniziare a fare qualcosa di davvero importante. Non devi essere talentuoso, non serve. Ti servono solamente dedizione ed impegno. Quando sarai vecchio avrai un sacco di tempo per riflettere su tante cose, adesso pensa a come crearti un avvenire migliore.

"Tra vent'anni sarai più infastidito dalle cose che non hai fatto che da quelle che hai fatto. Perciò molla gli ormeggi, esci dal porto sicuro e lascia che il vento gonfi le tue vele. Esplora. Sogna. Scopri" M. Twain

Abbi il coraggio di seguire il tuo cuore, inizia a guadagnare per il tuo valore e non per il tuo tempo, smetti di vedere come sei oggi e comincia a pensare come vuoi realmente diventare. Questo non significa fingere, mettere una maschera o trasfigurare te stesso, ma semplicemente crescere ed evolverti per raggiungere nuovi traguardi.

La libertà di decidere spetta solo a te. Pensaci ogni giorno. Ogni volta che accetti di fare una consulenza sottopagata, ogni volta che timbri il cartellino per fare un lavoro che non ti piace, ogni giorno che passi con persone incompetenti e demotivate, ogni volta che vieni umiliato e deriso dal tuo datore di lavoro, ogni volta che mandi il curriculum senza ricevere risposta… Stai perdendo tempo prezioso, ti stai svendendo per due briciole di pane quando il tuo valore potenziale potrebbe essere di milioni di euro. Questo, ovviamente, solo se pensi davvero di potercela fare.

Parti subito, non vedere tutta la montagna, ma inizia con il primo passo. Comincia da dove ti trovi, imparerai più dall'esperienza diretta che da qualunque altra cosa. Lavora con qualsiasi strumento tu abbia a disposizione, vedrai che ne scoprirai migliori lungo il cammino. Non accontentarti di guadagnare per sopravvivere, punta sempre a fare la differenza.

Ti ringrazio di cuore per essere arrivato fino alla fine, soprattutto per avermi dato fiducia. Spero che questo sia stato un libro che avrai sottolineato, evidenziato, insomma… un libro vissuto!

Lo so, probabilmente avrai trovato qualche difetto, come è inevitabile che sia, una parola meno appropriata di un'altra, un concetto espresso in modo poco chiaro, una virgola messa male. Ma ti giuro che ci ho messo tutto me stesso. Ho cercato di trasmetterti il massimo di quello che so e spero tu possa averlo apprezzato.

Mi auguro davvero che questo libro possa rappresentare per te il primo passo verso un futuro migliore, verso la realizzazione di tutto ciò che desideri.

RINGRAZIAMENTI

Al termine di questo viaggio insieme, voglio ringraziare delle persone, senza le quali, questo libro non avrebbe visto la luce.

Grazie a Federica, l'amore della mia vita. Nonostante molte volte non condivida alcune mie scelte, la ringrazio dal profondo del mio cuore per aver supervisionato le bozze di quest'opera ma soprattutto per l'enorme amore e per il supporto che mi dona ogni giorno.

Ringrazio i miei genitori per avermi insegnato la cultura del sacrificio. Senza la mia famiglia non sarei riuscito a concludere nulla nella mia vita. Anche se, ancora oggi, continuano a ripetermi di "trovarmi" un lavoro tradizionale, sono certo che, prima o poi, riuscirò a convincerli che non sono così pazzo come credono.

Un ringraziamento speciale va ad Andrea Sardo, il quale, oltre aver realizzato la copertina del libro, rappresenta ormai per me un punto di riferimento. Se non ci fosse stato lui, probabilmente, sarei ritornato a timbrare il cartellino ogni mattina. Lo ringrazio per il confronto costante e sincero, per le critiche, per i consigli e per essere un incurabile sognatore affamato di successi, tanto quanto lo sono io.

Non posso non ringraziare il mio amico Diego Andrea Zucchetto. Gli sarò sempre grato per avermi dato l'opportunità di cui avevo bisogno e per l'incoraggiamento continuo nei momenti di difficoltà, soprattutto quando tutti mi ripetevano in coro "sei sprecato".

La mia gratitudine è anche rivolta a Daniele Vitali e a Roberta Elefante per avermi trasmesso l'atteggiamento, insegnato la leadership, che il risultato è più importante della ragione, per avermi fatto capire che per ottenere il successo, in qualunque campo o attività, non serve far rumore, ma è necessaria tanta professionalità e passione.

Grazie ad Enrico Pisani, diventato con il tempo per me una fonte di ispirazione ed un modello da imitare.

Ringrazio Roberto Re e Alfio Bardolla che, attraverso i loro corsi, hanno influenzato e contribuito a migliorare la mia formazione personale e finanziaria.

Grazie di cuore a tutte le persone che con dedizione, correttezza ed etica collaborano con me, regalandomi ogni giorno un'energia pazzesca.

Infine, grazie a tutti a quelli che mi hanno ostacolato o che non hanno creduto in me, a coloro che mi hanno deriso, ai soci che si sono tirati indietro, a coloro che hanno mollato, alle persone che mi hanno chiuso la porta in faccia e non mi hanno neanche ascoltato. Senza di loro non avrei mai potuto fortificare la mia personalità e consolidare in me la convinzione che nella vita tutto è possibile.

RESTIAMO IN CONTATTO!

Nel possibile rispondo sempre a tutti, quindi se volessi chiedermi qualcosa in più su ciò che hai letto, sapere di cosa mi occupo prevalentemente o ricevere semplicemente un consiglio, scrivimi pure. Per me sarà davvero un piacere leggerti.

Puoi contattarmi sul mio sito www.manuelpuma.com , sulla mia pagina Facebook oppure scrivermi all'indirizzo mail info@manuelpuma.com

Hai trovato qualcosa di utile in questo libro?

È sempre emozionante leggere un'opinione o una recensione poiché, al di là del contenuto, è bello pensare che qualcuno abbia trovato il tempo per cercare il tuo libro e scrivere il suo pensiero e la sua opinione sul tuo lavoro.
Una tua recensione, anche di poche righe, è il modo migliore per verificare se questo mio lavoro è stato all'altezza delle tue aspettative, se sia stato in grado di fornirti qualche buona dritta o qualche utile informazione.

BIBLIOGRAFIA

Allen Robert. G., *Come creare molteplici fonti di reddito, Wiley,* New York 2001.

Bardolla Alfio, *I soldi fanno la felicità*, Sperling & Kupfer, Milano 2006.

Bardolla Alfio, *First Class*, Mondadori, Libri S.p.A., Milano 2017.

Bardolla Alfio, *Milionari in 2 anni e 7 mesi*, Sperling & Kupfer, Milano 2011.

Castaneda Carlos, *L'arte di sognare*, RCS Libri & Grandi Opere Spa Milano 1993.

Cosentino Mik, *La Bibbia dell'infobusiness*, Mondadori 2018.

D'Alberti Marco, *Poteri Pubblici, mercati e globalizzazione,* Il Mulino 2008

De Marco M.J., *Autostrada per la ricchezza*, Libreria Strategica 2016.

Eker T. Harv, *I segreti della mente milionaria*, Gribaudi Edizioni, Luglio 2008.

Gatti Giuseppe, *Rivoluzione Immobiliare*, Mondadori Electa S.p.A. 2018.

Hill Napoleon, *Pensa e arricchisci te stesso*, Gribaudi editore S.r.l. 2003.

Kiyosaky Robert T., *Padre Ricco Padre Povero*, Gribaudi 2004; *Il business del 21° secolo*, Gribaudi editore S.r.l. 2012.

Kiyosaky Robert T., Lecher Sharon L., *I quadranti del cashflow: guida per la libertà finanziaria*, Gribaudi 2004.

Leone A., *Compra case e vivi di rendita*. Come garantirti un futuro sicuro grazie agli immobili, Flaccovio Dario 2017.

Montemagno Marco, *Codice Montemagno*, Mondadori Electa 2017.

Otelli Marco, *Da principiante a professionista – guida ai fondamentali del trading*, Investment Academy 2018.

Pistono Federico, *Start up zero.0*, Ulrico Hoepli Editore S.p.A. 2017.

Re Roberto, *Leader di te stesso*, Mondadori Libri S.p.A., Milano 2015; *Cambiare senza paura*, Mondadori Libri S.p.A. Milano 2015.

Robbins Anthony, *Come ottenere il meglio da se stessi e dagli altri*, Bompiani Milano 2000.

Robbins Anthony, *Soldi. Domina il gioco*, Bompiani Milano 2018.

Rohn Jim, 7 *strategies for Wealth & Happiness*, Random House , New York 1996.

Tampieri Michele, *Funnel Marketing Formula*, Dario Flaccovio Editore S.r.l. 2017.

Trump, Donald J., *Pensa in grande e manda tutti a diavolo: nel lavoro e nella vita*, Rizzoli Etas , Milano 2016.

Worre Eric, *Come diventare un professionista del network marketing in soli 7 passi*, network marketing pro 2016.

www.ingramcontent.com/pod-product-compliance
Lightning Source LLC
Chambersburg PA
CBHW021815170526
45157CB00007B/2601